用文字照亮每个人的精神夜空

给我狭窄的心一个大的宇宙

冯至画传

冯姚平

——

著

湖南人民出版社 ·长沙·

冯至自传

冯至，原名冯承植，字君培，1905 年 9 月 17 日生于河北省涿县（现河北省涿州市）。1916 年至 1920 年在北京第四中学读书。在学校最后一个学年，阅读提倡新文化、新文学的报刊，对新诗产生兴趣。1921 年考入北京大学预科班，1923 年入本科德文系学习。在学习德语文学的同时，也进修国文系课程，并试作诗和散文。1925 年与几个朋友创办刊物《沉钟》。《沉钟》先是周刊，后改为半月刊，1927 年后经过长期的中断，又于 1932 年恢复，最后于 1934 年停刊。鲁迅说，这是一个"最坚韧，最诚实，挣扎得最久的团体"。1927 年从北京大学毕业，先后在哈尔滨第一中学、北京孔德学校当国文教员，兼北京大学德文系助教。

1930 年 9 月赴德国留学，在海岱山[注]大学和柏林大学学习德语文学、哲学、艺术史。1935 年夏，在海岱山大学以一篇研究德国诗人诺瓦利斯文体的论文考取博士学位。在留学期间，喜读奥地利诗人里尔克的作品，欣赏荷兰画家梵高的绘画，听雅斯培斯教授讲课，受到存在主义哲学的影响。

1936 年任上海同济大学教授兼附设高级中学主任。全面抗日战争爆发后，随同济大学内迁，经过浙江金华、江西赣州，最后到达云南昆明。1939 年至 1946 年，任昆明西南联合大学外文系德语教授。在艰苦的战争岁月里，西南联大师生思想非常活跃，民主运动蓬勃发展，我在这样的气氛里认真教书，努力写作，研究歌德，准备写《杜甫传》。在昆明创作的诗集《十四行集》出版后，朱自清、李广田都写出评论文章，后来很长一段时间就不再有人提及了，但在国外被译成英、日、德、荷兰、瑞典等国的文字。在昆明的那段生活，是我一生中最难以忘怀的。

1946 年回到北平，任北京大学西方语言文学系教授，1951 年后兼任该系主任。在 50 年代，曾被选为第一届全国人民代表大会代表，被聘为中国科学院哲学社会科学部学部委员。这时期的写作大都是热情赞颂新中国成立后的种种变革和社会上的新气象。

1961 年，参加中宣部、教育部领导的高等学校中文系、外文系的教材编写工作，强调科学性、稳定性，这工作持续了两三年。1964 年调任中国科学院哲学社会科学部外国文学研究所所长。粉碎"四人帮"后，哲学社会科学部改成中国社会科学院，外文所的工作渐渐走上轨道。十一届三中全会后，拨乱反正，澄清了头脑里的一些混乱思想，好像又一次明确了文章应该怎样写，学问应该怎样做，力求实事求是，不做违心之论。1982 年免去外文所所长职务，任该所名誉所长。从 1979 年到现在为中国作家协会副主席。曾被选为第五届和第六届全国人民代表大会代表。1980 年被聘为瑞典皇家文学、历史、考古科学院外籍院士；于 1981 年、1986 年分别被聘为联邦德国美因茨科学文学研究院、奥地利科学院通讯院士。

我在 1979 年写过一篇《自传》，曾用李商隐的名句"天意怜幽草，人间重晚晴"表达我当时的心境，如今这两句诗对我还是适用的。

1987 年 11 月

［注］：

海岱山，即德国文化古城海德堡，20 世纪 30 年代的中国留学生称之为"海岱山"。冯至在其他作品中将其译作"海德贝格"，本书中也采用这个名称。但如"海德堡大学""海德堡浪漫派"等专有名词，均采用通用译法。

目 录

童
年

冯至原名冯承植，字君培，1905年生于河北省涿县（现河北省涿州市）。祖上是盐商，原来在天津，不知犯了什么事被查抄，才搬到涿州，从此家道中落，到他出生时，已经濒临破产。他认为"盐商"这个出身很不光荣，因为盐商代表"浊富"，幸亏破产了，他身上已闻不出什么盐味，他为此感到欣慰。在中学时期，冯至增长了知识，厌恶大家庭庸俗的习气，不愿意承受他们的培植，受到《庄子·逍遥游》"至人无己"的启发，他给自己起了个笔名冯至，后来索性成了正名。

冯至的父亲冯文澍性格淡泊，从不参与大家庭的纷争，对妻儿的感情却很细腻，为了维持六口之家的生活，一辈子在外地奔走，在学校和机关做点文牍之类的工作，常常失业。但是由于工作，结识了几位有学识的师友，在他们的影响下，对事物有自己的见解，对艺术有一定的爱好。他对子女的教育是开明的。冯至在《父亲的生日》（1930年）中这样说："父亲对我很随便。从前对于学校的，如今对于职业的选择，以及朋友，爱情，从未曾像许多人似的摆出做父亲的架子而加以干涉。直到现在，我却一向是小心谨慎地生活着，同辈少年中'不可一世，舍我其谁'的气概，我从来不敢有过……"

冯至的母亲陈蕙，安徽望江人，出身书香门第，性格柔和，和丈夫感情很好。她能读会写，夏日的傍晚在院子里听母亲

华年磨灭地之一

——20年代在北京

冯至晚年说:"20年代的北京、30年代前期德国的海德贝格、40年代前半期的昆明——这三个城市曾是我的'华年磨灭地',但它们丰富我的知识,启发我的情思,是任何其他地方都不能与之相比的。"

在京师公立第四中学,对冯至影响大的是潘云超和施天侔两位国文老师,他们不仅丰富了他的文学知识,而且为他在"五四"后接受新文化铺设了道路。毕业的前一年,发生了五四运动,静如止水的四中立刻掀起波澜,学生们走出校门,宣传讲演,罢课游行,一些过去听都没听说过的传播新文化提倡新文学的报纸杂志,都不约而同地进入宿舍和课室。从叔祖冯学彰写给在美国留学的冯文潜的信中可见冯至当年的表现:"东院立群,极有出息之童子,罢课风潮初起时即对汝二哥(注:指冯至的父亲)说,学生不办这个事尚有何事可做……"他开始大量阅读,并对新诗产生兴趣,感到自己也有话要说,就也试着写起诗来,甚至还和几个同学向老师募集了一点钱,效法《新青年》办了个小刊物《青年》,寄往全国各地新刊物的编辑部,封面印上"请交换",还真换来了不少。其中有一种是开封二中的,也叫《青年》,后来知道是曹靖华和他的几个同学办的。

1920年冯至中学毕业,考上了北京大学农学院。他到学

冯至的父亲冯文澍1936年
在北平中山公园

冯至的母亲陈蕙

娓娓动人地讲《今古奇观》《聊斋志异》里的一些故事是冯至儿时最美好的回忆。但他不知道母亲带着四个孩子在已经衰败可还维持着一个空架子的大家庭里讨生活是多么艰难，她受尽精神上的折磨，在冯至9岁那年病逝了，年仅35岁。

随着母亲的去世，大家庭也彻底破产了。在学校里冯至受到同学的欺凌，在家里又受堂兄妹们的歧视，无人理睬，只能伫立在屋檐下望着天上的云彩，凭着自己的一点地理知识想象着，这一朵云像骆驼形的山东省，转眼间又变成长靴形的意大利。他忍受着寂寞和孤独，儿时的自卑感就这样形成了。冯至很不幸，但他又是幸运的，他总是遇到好人。母亲去世一年后，父亲迎娶了继母。继母姓朱，浙江慈溪人。她为人忠厚朴实，办事公正明断，在娘家享有很高的威信，无论是胞兄弟或堂兄弟都尊重她。她的到来使孩子们又享受到母爱。1916年，11岁的冯至小学毕业了，因父亲在外地谋生，升学与否，完全由继母决定。继母克服经济上的困难，力排亲戚们的非议，送他到北京。考入京师公立第四中学，这对冯至后来的成长，有着决定性的意义。冯至年纪小，她不放心，安排他住在自己的堂弟朱受豫家中，冯至叫他九舅。

九舅关心冯至的学习，安排他和在北京读师范的哥哥冯承榮每个周末到一位同事家里读《诗经》。晚年冯至曾深情地说

冯至的九舅朱受豫

起当年的事，每到周末他就跑到皇城根去等，热切地盼望着哥哥的到来。九舅喜欢在业余时间绘山水画，总让他站在一旁，给他讲解绘画的知识、介绍历代画家和流派，培养了冯至日后对艺术的欣赏力。

西院的叔祖冯学彰是位励精图治的人。他热心教育，在清末就创办过私立小学养正学堂，拿出自家临街的一排房子，把廊柱漆成蓝色，接收冯家子弟和邻里间的学童入学，让他们受新式小学教育；而且，还吸收家中和亲属中的女眷入学。冯至上中学时，这个学校早已停办，但是在暑假，他和他的哥哥都回涿州，和叔祖的小儿子冯文洛一起参加叔祖的学习班。叔祖亲自讲授古文，他在北京高等师范学校学习的长子冯文淇教数学，刚从天津南开中学毕业的次子、冯至的四叔（大排行）冯文潜教外语。这个学习班生动活泼，冯至从中受益不浅。

冯至的四叔冯文潜留学美国和德国研究哲学和美学。1925年暑假，冯至去看望他，在他的书桌上惊喜地见到了里尔克、格奥尔格、荷尔德林的诗集。在这里冯至第一次读到里尔克的散文诗《旗手里尔克的爱与死之歌》，对他"是一个意外的、奇异的得获"。他"被那一幕一幕的色彩和音调所感动"，萌生了用这种体裁来写伍子胥逃亡的想法。四叔又给他朗读和

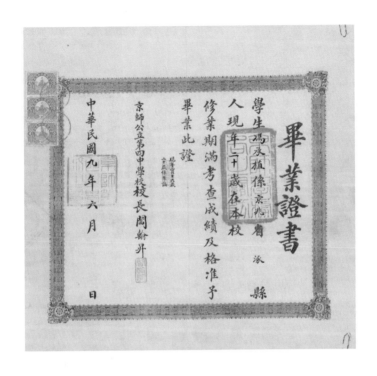

冯至在京师公立第四中学的毕业证书。中间两行小字写的是
"现年实十六岁 二十岁系笔误"。

校去看了看，不想上，于是回涿州老家大量读书。这时郭沫若的诗集《女神》《星空》以及译作《少年维特之烦恼》，与田汉、宗白华的书信集《三叶集》相继出版，打开了他的眼界，冯至渐渐懂得文艺是什么，诗是什么。他收入《昨日之歌》里的第一首诗《绿衣人》就是这时写的。那是1921年春，他正陪着继母在北京治病，一天他走在胡同里见到一个邮差在送信时，有感而发。正如他预感的那样："这个人可怕的时候到了！"他那慈爱的、勇于决断的继母病逝了。

70年后，冯至写诗《重读〈女神〉》，述说了当年的阅读对他不可忽视的影响：

> 七十年前，你在一些青年的胸中，
> "把他们的心弦拨动，
> 把他们的智火点燃。"
> 我作为那些青年中的一个，
> 你开扩了我的眼界，指引我
> 走上又甜又苦的诗的途程。
>
> ——《重读〈女神〉》(1992年9月17日)

綠衣人

一個綠衣的郵夫，

低着頭兒走路；

—— 也有時看看路旁.

他的面貌很平常，

大牛安於他的生活，

不帶着一點悲傷.

誰來注意他

日日的來來往往！

但他小小的手中

拿了些夢中人的運命.

當他正在敲這個人的門，

誰又留神或想——

"這個人可怕的時候到了！"

　　　　　　　——1921

《绿衣人》，收入《昨日之歌》（1927年）

又一个决定性的事件：1921 年冯至考入北京大学预科班，1923 年升入德文系本科。刚到北大，首先使他感到惊讶的是，他一向钦佩的那些《新青年》《新潮》《少年中国》等著名刊物的撰稿人，许多都是北大教师。他顿时觉得北大气象万千，别有天地。北大学风开放，蔡元培主张培养通才。他在学习德语文学的同时，也选修国文系鲁迅、沈尹默、黄晦闻等名师的课程，他这样中西兼学、古今并举，为以后的文学生涯打下了坚实的基础。而且，北大在怎样做人方面也给他很多启发，他认为，做人与作文是不能截然分开的。

冯至把自己的习作送给讲授文学概论的张凤举教授评阅。张先生从中选出一部分寄给上海的创造社。当冯至在 1923 年初夏见到自己的一些诗作在《创造季刊》第二卷第一期上发表时，他内心的欢悦是难以形容的。这些诗作的发表引起浅草社同仁的注意，他们邀请冯至参加浅草社。浅草社是一些对时代有共同感受、对文学有共同爱好的青年学生组织的文学社团，成员分布于上海和北京等地。暑假，北京的浅草社成员在中央公园（今中山公园）聚会，浅草社的积极组织者林如稷从上海来，在会上绘声绘色地介绍上海成员的活动情况。这是冯至第一次参加活动，他认识了北大同年级的英文系同学陈炜谟，同时，经林如稷介绍开始与上海的陈翔鹤通信。

报考北京大学时的冯至（1921年）

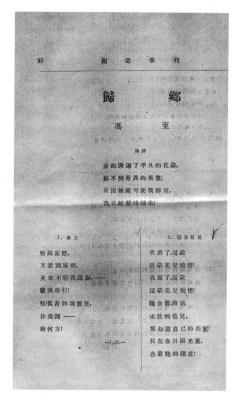

在《创造季刊》上发表的《归乡》组诗

在张凤举教授家，冯至又结识了长兄般的挚友杨晦，并且将杨晦介绍给了陈炜谟和陈翔鹤。此时杨晦已从北京大学哲学系毕业三年，在孔德学校教书。生活上的相同感触和文学上的共同爱好，把他们连到了一起，四个人很快成了最知心

浅草社的积极组织者林如稷
（1923年摄于法国）

陈炜谟（左图）

陈翔鹤（右图）

的朋友。不久，陈翔鹤索性放弃了复旦大学的学习来到北京，在北大旁听，为的是和朋友们在一起从事心爱的文学事业。

浅草社出版《浅草》季刊并负责编辑上海《民国日报》的副刊《文艺旬刊》（后改为周刊）。冯至虽参加较晚，但非常投入。从1923年8月16日《文艺旬刊》第五期开始，他就不断在上面发表作品（创作和译作）。《浅草》季刊第一卷第三期（前两期他没赶上），一共20篇作品，就有他的4篇；在第四期上，19篇作品中，冯至、陈炜谟、陈翔鹤各有两篇。所以，与其说《浅草》需要冯至，不如说冯至更需要《浅草》，他找到了自己的园地，可以在上面栽种自己的花，培育自己的果。除了诗歌，他还尝试写散文、小说、长篇叙事诗、诗体剧等。但杨晦没有加入浅草社。陈翔鹤后来说："每当我们（我同陈炜谟兄）向他提议，要他给《浅草》作点稿子时，他几乎每次都是用了，'同你们做朋友我是很高兴的，不过加入团体，我觉得我自己是太不适宜了：因为我不加入则已，一加入便要彻底地负责，而负责又于我自己很苦的。'像这样峻涩的态度，作为回答。"（《关于"沉钟社"的过去现在及将来》，1980年）杨晦就是这样一个认真的人。

1923年秋，林如稷去法国留学，他在1923年12月出版的《浅草》季刊第一卷第三期《编辑缀语》中说："这一期的

杨晦

《浅草》季刊第一卷第四期，封面题字"翔鹤自留一九二五三二十二""这本杂志是杨晦去年从旧书堆里找出来的，他交给了我。冯至"

稿子，本应由炜谟编辑，但因他有事要回四川去，所以仍交付给我，遂致迟了一月出版。我本在远行匆忙中，现在总算抽暇把它弄好了。出乎意料以外的，就是本期集稿恰在暑季中，各社友多半去换地消暑，但后来收到的稿件，已又超出第二期的页数。除这一期用了以外，还剩下有许多篇，我均已转给炜谟和冯至去了。现在已由他们在着手编第四期稿子，大致本期印刷出版时，他们早已编毕，在今年总可以把第四期出版。"但由于书局的拖拉，这第四期直到1925年2月才印出来。而此时随着积极组织者林如稷离去，其他成员也逐渐星散，浅草社已经停止了活动，名存实亡。

1935年，当新文学界在对新文学第一个十年进行回顾和总结时，鲁迅对浅草-沉钟社做出了精要的概括和较高的评价。在他编选的《中国新文学大系·小说二集》中选了他们中7人的12篇作品，作者和篇数都占总数的五分之一，其中有冯至的两篇小说:《蝉与晚祷》和《仲尼之将丧》。

鲁迅曾这样评价浅草社和冯至:"发祥于上海的浅草社，其实也是'为艺术而艺术'的作家团体，但他们的季刊，每一期都显示着努力:向外，在摄取异域的营养，向内，在挖掘自己的魂灵，要发见心里的眼睛和喉舌，来凝视这世界，将真和美歌唱给寂寞的人们。韩君格、孔襄我、胡絮若、高世华、林如稷、徐丹歌、顾璚、莎子、亚士、陈翔鹤、陈炜谟、竹影女士，都是小说方面的工作者；连后来是中国最为杰出的抒情诗人冯至，也曾发表他幽婉的名篇。"（《中国新文学大系·小说二集序》，1935 年）

"'浅草社'既已不复存在，而我们的精神和趣味，复与它愈离愈远，以致于完全的各不相侔了。"（陈翔鹤《关于"沉钟社"的过去现在及将来》，1980 年）1925 年夏，北海公园首次开放，一天傍晚，四位朋友坐在水边讨论办刊物的事，他们要办一个新的刊物，在文学创作和外国文艺介绍方面努力做一点切实的工作，大致约定由陈翔鹤和陈炜谟写小说，冯至写诗，杨晦写剧本。刊物叫什么名称呢？这时暮色苍茫，天际有一颗巨大的流星滑过，远处传来几响钟声，冯至灵机一动，说就叫"沉钟"好不好，大家都同意了。那时，他们都喜爱德国作家霍普特曼的童话象征剧《沉钟》。该剧的寓意是：艺术家若要完成他的理想，必须献出整个的生命，忘却家庭与世俗的生活，否则，就不能攀登艺术的高峰。他们四个人思想不尽相同，性格和写作风格各异，但对艺术的看法和追求是相同的。《沉钟》出版了，不但没有稿费，出版经费都主要靠杨晦的工资支持。先是周刊，后改为半月刊，1927 年后经过长期的中断，又于 1932 年恢复，最后于 1934 年停刊。冯至在《鲁迅与沉钟社》一文中说："我们仅有的几个人，为它写稿子，为它跑印刷厂，为它到书店托人代售，遭受书商的白眼，不料在默默无闻不得不忍痛停刊后，却从我们最敬重的鲁迅那里得到肯定和称赞。"他们看到了鲁迅在 1926 年 4 月 10 日写的《野草》里最后的一篇《一觉》。《一觉》里引用了《沉钟》最后一期杨晦写的《无题》（代启事），鲁迅写道："是的，青年的魂灵屹立在我眼前，他们已经粗暴了，或者将要粗暴了，然而我爱这些流血和隐痛的魂灵，因为他使我觉得是在人间，是

冯至与杨晦、陈翔鹤、陈炜谟创办的文学期刊《沉钟》半月刊

在人间活着。"冯至说:"那一天,我们好像度过一个小小的节日。"20世纪30年代初期,林如稷从法国回来后,参与了《沉钟》的复刊工作,此时冯至和陈翔鹤、陈炜谟都已离开了北京。《浅草》与《沉钟》不同的是,前者只发表原创作品,而后者则是原创作品与翻译作品并重。

鲁迅在《中国新文学大系·小说二集序》(1935年)中说:"《浅草》季刊改为篇叶较少的《沉钟》周刊了,但锐气并不稍衰,第一期的眉端就引着吉辛(G. Gissing)的坚决的句子——'而且我要你们一齐都证实……我要工作啊,一直到我死之一日。'……但在事实上,沉钟社却确是中国的最坚韧,最诚实,挣扎得最久的团体。它好像真要如吉辛的话,工作到死掉之一日;如'沉钟'的铸造者,死也得在水底里用自己的脚敲出洪大的钟声。"

鲁迅鼓励他们,也对他们提出批评,他说:"你们为什么总是搞翻译、写诗?为什么不发议论?对些问题不说话?为什么不参加实际斗争?"李霁野在《忆在北京时的鲁迅先生》一文谈到鲁迅:"沉钟社的杨晦、冯至、陈翔鹤、陈炜谟,他都常提到,很喜欢他们对文学的切实认真的态度。不过他也觉得他们被悒郁沉闷的气氛所笼罩。"

1927年冯至大学毕业,本来决定去孔德学校教书,可是

冯至的北京大学毕业证书

冯至（1928年初摄于哈尔滨），照片下方是他书写的德国诗人荷尔德林的诗句原文，意为"没有人能够从我的额上取去悲哀的梦吗？"或许这正是他写长诗《北游》时的心情

杨晦说："孔德学校是个好学校，但对你没有好处，你需要认识社会，在那里你认识不了社会，你应该到艰苦，甚至黑暗的地方去，好好地锻炼锻炼。"冯至经过思想斗争，听从了杨晦的话，违背自己的意愿，接受了哈尔滨第一中学的聘书，登上北去的列车，开始了走向陌生的城市和人生的"北游"。

他开始接触社会，"走入一个生疏的环境，接触到的人和事，听到的语言，和过去在北京的学校生活相比，完全是另一个世界。我有半年之久，写不出一句诗来，那种孤单寂寞之感，自以为是无法用语言来表达的"。但是在 1928 年新年的三天假期，"不知怎么一种契机，我在三天内废寝忘餐，在一本练习簿上写了约有五百多行诗，半年内胸中的块垒都泉涌似

左图为冯至诗集《昨日之歌》初版本（1927年）

右图为诗集《北游及其他》初版本（1929年），封面选用了日本画家永赖义郎的版画《沉钟》

地倾吐出来，最后在封面上写了'北游'两个字。"寒假回京，除夕夜几个朋友，还有冯雪峰聚集在杨晦住的公寓，大家读诗。冯至读了《北游》中的几段，大家认为诗的风格有了变化。暑假后，他回到北京，任北京大学德文系助教，同时在孔德学校教国文。教学之余，他继续努力写作。1927年、1929年作为《沉钟丛刊》先后出版了《昨日之歌》和《北游及其他》两本诗集。

冯至致杨晦信（手迹）

四位好朋友，各相差两岁，杨晦最年长，其次是陈翔鹤、陈炜谟，冯至最年幼。杨晦表面冷峻，内心却像一团火，对朋友的关怀，大到思想意识，小到衣食住行，无微不至，大家都信赖他，向他倾诉自己的心事。杨晦去世后，在他的遗物里发现了几百封三位朋友给他的信件，由他的儿子杨铸整理出来，编成《沉钟社通信选——致杨晦》，在《新文学史料》1987 年第 3 期至 1988 年第 3 期上分五期连载，他们那"不肯涂脂抹粉的"纯真感情令人感动。冯至说，他的一生有所向上，有所进步，好多地方都是跟杨晦对他的劝诫和鼓励分不开的。他的第二本诗集《北游及其他》在卷首印着"呈给慧修"，慧修是杨晦的别号；在序文中又深情陈述了他们之间的友情，并引用了一段杨晦给他的信："你现在可以说是开始了这荆棘长途的行旅了。……要坚韧而大胆地走下去吧！……此后，能于人事的艰苦中多领略一点滋味，于生活的寂寞处多作点工，那是比什么都要紧，都真实的。"

1983 年杨晦逝世，冯至拟挽联"六十年情同手足犹记得冰雪交加共聚寒斋话'除夕'；两万日饱经风雨最难忘雾隘弥漫偕行深谷击'沉钟'"，还写了怀念文章《从癸亥年到癸亥年——怀念杨晦同志》。《除夕》是杨晦早年写的独幕剧。

1929 年 2 月，经杨晦介绍，冯至认识了北京女子师范大

初识冯至的姚可崑（1932年）

学学生姚可崑，也就是他后来的妻子。据说，为促成这件好事，杨晦不知请了多少次客，可是冯至一直不敢开口表达，杨晦生气说再不管他了。这年6月6日，姚可崑终于收到冯至写给她的第一封信，文字优美，情深义重，她读了又读，犹如咀嚼橄榄，滋味无穷，深受感动，从此开始了他们一生一世的爱情。

《沉钟》停刊了，三个朋友都在外地工作。1930年春，废名（冯文炳）与冯至商量，想办个小型周刊，这就是《骆驼草》。名字是废名想出来的，含义是：骆驼在沙漠上行走，任重道远，有些人的工作也像骆驼那样辛苦，自己力量单薄，不能当骆驼，只能充作沙漠地区生长的骆驼草，给过路的骆驼提供一点饲料。他

废名照片，题词"送给'吾家'君培 废 十八年六月十四日"，钤废名印

《骆驼草》周刊，刊头为沈尹默所题

们的本意，是要继承《语丝》的传统，虽然没能实现，但得到师友们的支持，登载过一些好的作品，如岂明（周作人）、俞平伯、玄玄（朱自清）、秋心（梁遇春）的散文，废名的小说等，共出版了26期。

20世纪末，《浅草》（季刊）、《骆驼草》（周刊）、《沉钟》（半月刊）三个刊物都由上海书店出版了影印合订本。

华年磨灭地之二

—— 留学德国

1929 年冬，冯至考取河北省官费留学。1930 年 9 月 12 日告别姚可崑，告别杨晦等好友，乘火车离开北平，经哈尔滨、西伯利亚、莫斯科、柏林，于 9 月末到达目的地——德国西南部美丽的小城海德贝格。怀着美好的希望与憧憬，开始了他的留学生活。

冯至与姚可崑（摄于1930年9月冯至出国留学前）

海德堡大学是德国最古老的大学，创立于1386年，哲学家黑格尔、社会学家马克斯·韦伯等曾在那里执教。当时，享有盛名的存在主义哲学大师雅斯贝尔斯、文学家宫多尔夫等都在这里开设讲座。开学后，冯至入哲学系学习，主修德语文学，选修哲学和艺术史。

海德贝格是一座美丽的城市，圣灵和宝座两山南北对峙，涅卡河一水东西横流。北岸河畔宽阔的、绿绒毯似的草坪一直伸至水边，承受着波浪的轻轻拍打；南岸宝座山山坡上，海德贝格的标志——17世纪被法国军队摧毁的雄伟王宫的废墟

冯至在海德贝格（1930年）　　美丽的海德贝格

耸立在万绿丛中。这种浪漫情调，又因这座城市是 19 世纪初海德堡浪漫派的聚集地而显得更为浓重。

初到异国他乡，人生地疏，加之性格内向，冯至难免感到空虚与寂寞。冯至晚年在回忆文章里说，当时他是用"读里尔克的书、听宫多尔夫的讲演"来排遣自己内心的空虚；他欣赏荷兰画家梵高的绘画，听雅斯贝尔斯教授讲课，受到存在主义哲学的影响。与徐诗荃、鲍尔、梁宗岱等朋友的交往和畅谈，也多少可以减少一点寂寞。有时他也创作或翻译一些作品寄给杨晦在国内报刊上发表。冯至曾说："我们与文学作品的接触，无论是本国的或是外国的，类似人际间的交往，有的很快就建立了友情，有的纵使经常见面，仍然陌生。友情也常有两种情况：一种是两个朋友性格相近，志趣相投，所谓'有共同的语言'；一种是性格相反，却能从对方看到自己的缺陷，取人之长补己之短。这两层比喻可以作为我和外国文学关系的说明。"（《外来的养分》，1987 年）

很幸运，到海德贝格的第二天，冯至就认识了徐琥（徐梵澄，鲁迅称他诗荃），两人一见如故。徐琥早一年来到德国，也在哲学系学习，他受鲁迅之托，在德国搜购外国小说、版画作品和有关艺术书刊，介绍回中国，因而又选修了艺术史，同

多年后冯至重游涅卡河畔。照片背面写着"我天天上学的时候，由此经过"

冯至与徐梵澄在海德贝格（1930年）

时学习版画艺术（后来被誉为"中国新兴版画第一人"），鲁迅也常把国内的出版物寄给他。他年少气盛，愤世嫉俗，有渊博的古典文学知识，与冯至同是鲁迅的追随者，共同语言很多，而徐琥的聪明才智又使冯至惊讶，两人讨论文学，谈论世事，成为无所不谈的朋友。

1932 年徐琥回国后，经鲁迅介绍，在《申报·自由谈》上撰写杂文，鲁迅还建议他翻译尼采的《苏鲁支语录》和《自传》，署名徐梵澄，从而成为我国早期卓有成效的尼采研究者。抗日战争期间，徐琥因工作，往来于昆明、重庆之间，来昆明时，常住在我家。冯至曾把自己译注的《歌德年谱》交给他，在他负责编辑的中央图书馆《图书月刊》上发表。

1945 年初，徐琥参与中印文化交流，前往印度讲学，两人渐渐失去了联系。1978 年，他以徐梵澄的名字皓首还乡，首先想到找老朋友冯至。冯至建议他来北京，并为他向中国社会科学院院长胡乔木做了推荐。徐梵澄遂北上来京，到社科院宗教研究所任研究员，与冯至又成为同事，来往密切。冯至逝世后他非常悲痛，发表《秋风怀故人——悼冯至》的文章，寄托哀思。他说，在德国有过深造的人"总有些立身处世之节度，接人待物之作风，或正或反，有形或无形，是受了德国文教之熏陶，亦原本于我国固有的教育，彼此同

冯至夫妇与徐梵澄在日坛公园（1986年）

似，隐约成了一流。这里无庸分判日清流或浊流，总之是社会上的某一流人物，或可称为中坚分子。其风格一向是崇朴实，不尚华靡；行直道，不尚乖巧；守忠诚，没有变诈；通物理，亦近人情。考其缘由，是中国和德国的美德传统，异地同符"。

半个世纪以来，特别是回国20年来，徐梵澄著书立说，专治精神哲学，把印度古代精神哲学介绍到中国来，有大量著译问世。同时又出版多种英文著作，向世界介绍中国哲学。2000年3月6日，徐梵澄在北京逝世，享年91岁。

弗里德里希·宫多尔夫（1880—1931）教授是德国著名

诗人、文学史家和文学批评家。其主要学术著作有《莎士比亚和德意志精神》（1911）、《歌德评传》（1916）、《格奥尔格》（1920）、《莎士比亚评传》（1928）和《论浪漫派》（1930—1931）等。从1916年起，他就在海德堡大学讲授文学史。他和蔼可亲，主持正义，对于右翼学生提出的不合理要求，总是断然加以拒绝，深得学生的爱戴。冯至到海德堡大学时，宫多尔夫开设的讲座是德国浪漫主义文学。不少学生都是慕他的名而到海德堡大学来的，他授课的教室里总是挤得满满的。不料，1931年7月12日宫多尔夫突然病逝在讲台上。当天，冯至就写信把这个不幸的消息告诉好友鲍尔。他说，他敬重宫多尔夫的人格以及他的著作，"并把他看作是我的指路者"，并说，他迫切地等待着宫多尔夫关于里尔克讲演的出版。他还说，"忽然觉得，好像海德贝格变得不美了""不想呆在这里了"，下学期他转学到了柏林大学。

冯至是在宫多尔夫讲课的教室里认识维利·鲍尔的，他也是宫多尔夫的崇拜者，直到老年还自称是宫多尔夫的学生。那时，冯至住在鸣潭街（意译）15号，离鲍尔的住处不远，很快就彼此熟悉了。鸣潭街是通往海德贝格主要名胜——宝座山上王宫废墟的必由之路，他们常在那一带散步。这时鲍尔已经在宫多尔夫指导下写好了博士论文，通过博士考试后便

德国著名文学家宫多尔夫教授。照片背后有宫多尔夫的亲笔题词"赠给中国诗人冯至，1931年夏季讲座纪念，弗里德里希·宫多尔夫"

年轻时的鲍尔

离开了海德贝格。此后他们不断通信，互相赠送书籍，谈近况，谈读书心得。希特勒上台后大肆迫害和屠杀犹太人的时候，鲍尔不顾一切地和一个犹太女子结婚，然后离开德国到别处谋生。冯至夫妇曾到瑞士和意大利去拜访他们。

抗日战争时期，应冯至之邀，鲍尔到同济大学附设高级中学教德语，两人在赣州重逢，一同随学校迁至昆明。1940年，鲍尔回国。新中国成立以后，他们失去了联系。

1982年冯至访德，鲍尔从报上看到消息，设法取得联系。冯至去鲍尔家拜访，两人相聚，互相倾诉分别40年来各自的

冯至与老友鲍尔在慕尼黑重逢（1987年）

冯至致鲍尔信（手迹，1932年3月17日）

生活。难得的是，鲍尔把冯至从 1931 年至 1947 年写给他的全部信件都很好地保存着，他交给冯至，让他带回北京，看完后再还给他。1987 年，冯至再次去联邦德国访问，又到慕尼黑，鲍尔来饭店看望他，老友见面，紧紧拥抱，又一次畅叙他们之间持续半个多世纪的温馨而真诚的友谊。

在柏林期间，冯至住在柏林西郊的爱西卡卜。这是一个和平幽静的居民小区，掩映在郁郁葱葱的枞林之中。从 1932 年 4 月到 1933 年 4 月离开柏林回海德贝格，冯至在那里整整住了一年。这个小村给他留下了很深的印象，他一直对它怀着深厚的感情，几年以后写了《怀爱西卡卜》这篇散文，记述和怀念在他人生旅途上同这个"生疏恬淡的野站结下一段因缘"。

爱西卡卜的居民大多属于社会民主党，在当时激烈的政治博弈中，节节溃败，而纳粹气焰却日益嚣张，希特勒终于在 1933 年攫取了政权，实行法西斯统治。可是，爱西卡卜的居民待人却依然那么坦率、和蔼，每天从那沉重阴暗的柏林市中心出来，在这里还能呼吸到一点自由的空气。冯至在这里读书，听女房东讲述她的生活、家庭、已经离异的丈夫，以及令人沮丧的时政。朱自清在清华任教休假到伦敦住了一年，1932 年的夏天归国路过柏林，冯至曾陪同他到波茨坦的无忧

冯至在爱西卡卜（1932年）

朱自清访爱西卡卜。左起：冯至、朱自清、陈康、徐梵澄、朱偰、滕固、蒋复璁（朱偰摄，朱元春提供）

宫去游览，并请他来爱西卡卜聚谈。

冯至在爱西卡卜居住时期正是德国和世界历史的重要转折关头，他目睹了希特勒法西斯的上台，感受了有史以来人类遭受的最大的灾难之一。他是这个历史悲剧的见证人。

1932 年，冯至在柏林，经常在艺术商店里看到一个少女面模的复制品。少女面含微笑，又略带愁容，笑不是一般少女的笑，愁也不是一般少女的愁，好像是概括了人间最优美的笑和愁。他被这面模所感动，买了一具挂在寓所的壁上，曾想，这面模可以与《蒙娜丽莎》相辉映。

一天，冯至在街头散步，在阅报栏里读到一篇短文，述说这少女的事迹。原来她是一位雕刻家的模特，因为一件不幸的遭遇投入塞纳河，死后面容不改，有好事者印下了这个面模。受到这篇短文的启发，冯至驰骋幻想，写了一篇散文《塞纳河畔的无名少女》，寄给杨晦在《沉钟》上发表。

这具面模随冯至行程万里，从德国回到北平，从北平带到上海，抗日战争时期辗转浙赣湘桂，一直带到昆明，后来从昆明又带回北平。面模始终保持着永恒的微笑和轻愁，挂在家里的墙上，在颠沛流离中给过冯至不少精神上的支持和慰藉。但它最终没能逃过"文化大革命"，毁于"破四旧"。可是，这篇散文却一直广为流传。后来，童道明写了一部关于冯至的剧本，题名《塞纳河少女的面模》。是的，这面模在冯至的精神生活中占据重要的位置，因为：

这些面型对我们有一个共同的启示：就是人类应该怎样努力去克制身体的或精神的痛苦，即使在最后一瞬也要保持一些融容的态度。在历史上有多少圣贤在临死时就这样完成他们生命里最完美的时刻。

——冯至《忘形》（1943年）

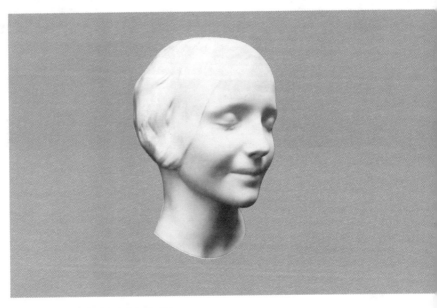

"塞纳河畔的无名少女"的面模

冯至在吕根岛（1932年夏）　　　　　冯至与散文家、翻译家梁遇春（1930年）

1932 年夏天，冯至从国内寄去的报纸上读到 27 岁的散文家梁遇春逝世的消息，十分悲痛，为了排遣哀思，他到德国北部的吕根岛去做了为期一周的旅行。一路上，梁遇春的言谈笑貌时时萦绕在他的心头。

梁遇春比冯至晚一年考入北大，由于他年轻聪颖，有特点，冯至早就注意到他；后来，又读到他闪烁着智慧光辉、具有独特风格的散文。真正的熟悉是从《骆驼草》上刊登了他以秋心为笔名的几篇散文才开始的。他们交往的时间虽不长，"却也共同度过些只有青年人才能享有的愉快的时日""忘形到尔汝"。而现在梁遇春竟离开了人世，冯至的哀伤是可以想象的。1937 年，他在上海发表《给秋心》诗四首，悼念这位亡友。

　　向寂静的土地说：我流。
　　向急速的流水说：我在。

冯至曾用里尔克的这两行诗来说明里尔克关于万物，包括诗人自己在不断变化、发展的思想。这个思想也是冯至自己创作的重要主题之一。里尔克（1875—1926），这位奥地利诗人，现代主义文学的奠基人之一，是冯至十分喜爱和推崇的，他的作品和为人对冯至的一生有很大的影响。

里尔克在瑞士（宫多尔夫夫人赠）。1933年宫多尔夫夫人将自己在瑞士拜访里尔克时拍摄的这张照片赠予冯至。他不曾在任何其他地方看到过这张照片。1936年《新诗》月刊纪念里尔克逝世十周年，他写了《里尔克——为十周年祭日作》一文，同时配发了这张照片

1926 年的秋天，冯至第一次读到里尔克的散文诗《旗手》，觉得它"像一阵深山中的骤雨，又像一片秋夜里的铁马风声"。这部色彩绚烂、音调铿锵、"从头到尾被一种幽郁而神秘的情调支配着"的似有"神助的作品"立即就吸引了年轻的冯至。30 年代，他留学德国，就"完全沉在 Rainer Maria Rilke（里尔克——编者注）的世界中"（《致杨晦信》，1931 年 3 月）。他欣喜若狂，感到自己终于找到了寻求已久的理想的诗、理想的散文，也看到了理想的人生。

对于里尔克的作品，他理解。他指出，里尔克早年的诗接近印象主义和新浪漫主义，是以感情为主，如《祈祷书》（1905 年）；到巴黎结识罗丹以后强调"观看"，去发现物体的灵魂，"从语言里锻炼诗句，体现各种人和物真实的存在"，"使音乐的变为雕刻的，流动的变为结晶的，从浩无涯涘的海洋转向凝重的山岳"，诗人尽量与所写的人、物、事保持距离，不在作品中融入自我的色彩，这样的诗被称为"无我的咏物诗"，如《新诗》（1907 年）；晚期，诗人又完成了《杜伊诺哀歌》和《致奥尔弗斯的十四行诗》，这些诗里"不再是没有自我，而是自我与万物交流""这时，那《新诗》中一座座的石刻又融汇成汪洋的大海，诗人好似海夜的歌人，独自望着万象的变化，对着无穷无尽的生命之流，发出沉毅的歌声：赞美，赞美，赞美……"

冯至很喜欢里尔克的书信，它们是那样亲切动人，成了冯至的亲密伴侣。1931 年的春天，他读到里尔克写给一位青年诗人的一小册书信集，仿佛字字都是从自己心里流出来的，感到满足、兴奋，禁不住读完一封便翻译一封，并寄给杨晦在国内报刊上发表。他急于与朋友们分享他的喜悦，把里尔克介绍给国内的青年。他感到里尔克许多关于诗和生活的言论对他（和中国的青年们）像是对症下药，如"诗并不像一般人所说的是情感（情感人们早就很够了）——诗是经验""探索那叫你写的缘由，考察它的根是不是盘在你心的深处；你要坦白承认，万一你写不出来，是不是必得因此而死去。"以及"他是诗人，他憎恨'差不多'……""诗人最不应该有的，是 ironisch（嘲讽——笔者注）的态度"。冯至说，这些话"当时都击中了我的要害，我比较清醒地意识到我的缺陷，我虚心向他学习"。里尔克对冯至的影响是深远的，我们从他后来的作品和一生的为人不难看到，他观察、体验、懂得寂寞与忍耐，他严肃认真地承担自己的责任。译稿《给一个青年诗人的十封信》于 1938年由商务印书馆出版，后来冯至对译文做了修订，1994 年由生活·读书·新知三联书店出版时，冯至已去世。再后来上海译文出版社和台湾联经出版事业公司出版时，题目改为《给青年诗人的信》，不过几本书的基本内容相同，只是所附内容有所调整。

《给一个青年诗人的十封信》
（生活·读书·新知三联书店版，
1994年）

《给青年诗人的信》
（台湾联经出版事业公司版，2004年）

……他们要开花，

开花是灿烂的；可是我们要成熟，

这就叫甘居于幽暗而努力不懈。

——里尔克

姚可崑在海德贝格（1933年）

冯至转到柏林大学时，姚可崑也从师大毕业了，她考上师大研究院的研究生，并在师大女附中教书。一年后，1932年10月，姚可崑也来到柏林，先学习德语。她很聪明，从初级班学起，仅半年的时间就拿到了德语高级班的毕业证书，并在柏林大学注册开始学习。1933年希特勒上台，柏林政治形势风云突变，令人感到窒息，于是他们一起重返海德贝格，随即姚可崑在海德堡大学注册。

重来海德贝格，山河无恙，人事已非。徐琥、梁宗岱、鲍尔等好友早已离开，不能与他们畅谈了。不过，这次有姚可崑在。晚年，当他们回首往事时，姚可崑说冯至："他从不夸耀自己，却不是世俗上所谓的谦虚，他常觉得事事不如人，却使人感到他内心里有一种骄傲。他像是一片平湖，我像是一条流动的河，河水流入湖中，也溶入他的平静。"冯至则深情地说："这时我要感谢姚可崑，她在海德贝格学哲学、文学，我们共同享受着、分担着这里的寂寞。我们不知有过多少次在我住室的凉台上望着晨雾慢慢散开，望着落日缓缓西沉，也难忘在涅卡河畔、在鲜花盛开的果树林里每天没有止境、没有终点的散步。"

重返海德贝格后，冯至仍住在鸣潭街15号以前住过的那间房，房东太太还提供另一间给姚可崑住。6月6日，他们买了两

冯至与姚可崑的订婚照（1933年6月6日）

朵玫瑰和四两饼干，就在冯至住室的凉台上，两人面对面地订了婚，这是四年前冯至给姚可崑写第一封信的日子。后来姚可崑回忆那天的情景时说："那天我记得天气很好，四周寂静，海岱山无人可告，只是在精神上'邀请'了几个远方的朋友。"

1979 年冯至访问联邦德国，阔别 44 年后，重访旧居。门牌号没变，但房东太太已去世，只见到了她的女儿兴德勒小姐——如今的邵尔夫人。1987 年 6 月，在波恩接受了联邦德国国际交流中心授予的"文学艺术奖"之后，冯至和姚可崑又一起来到海德贝格重访旧居时，邵尔夫人也已去世，房已易主。新主人热情地接待了他们，他们在凉台上伫立良久，并在桌前小坐。这是多么亲切、多么有意义的地方！在这里，他曾勤奋地读书、研究，曾与朋友促膝谈心；也是在这里，两朵玫瑰见证，他们面对面地订了婚，从此牵手共同穿过生活中的风风雨雨。半个世纪过去了，人世间发生了多么大的变化，真可谓是沧海桑田。今日旧地重游，心情复杂，他们必定在再次咀嚼人生的全部酸甜苦辣。

冯至与姚可崑重访鸣潭街15号旧居（1987年6月8日）

那时，他们还常常在涅卡河南岸河畔的长椅上小坐，或是在北岸山坡上歌德、黑格尔、雨果、艾兴多夫、韦伯、雅斯贝尔斯等先哲们曾经留下足迹的"哲人路"上做没有终点的散步。散步时，两人常常联句。你一句我一句，联成了一首诗，抄写在《二群集》（因冯至乳名立群，姚可崑别号玉群而得名）上。

姚可崑在海德贝格"哲人路上最多姿"（冯至摄，1934年）

《二群集》是仅限于他们二人之间的私密，我都从来没有见到过。但这本诗册和他们那些文字优美、情深义重、读后"犹如咀嚼橄榄，滋味无穷"的书信都没有逃过"文化大革命"的浩劫。这里有后来他们凭着记忆记下的《二群集》中的一首：

> 他年重话旧游时，难忘春城花满枝。三月巷中吃午饭，
> 《二群集》上写新诗。峰名宝座临荒殿，街号鸣潭倚涧池。
> 绮丽河山收眼底，哲人路上最多姿。

重回海德贝格后，冯至参加了继任宫多尔夫讲座的阿莱文教授开设的研究班，并与阿莱文教授商定了博士论文的题目，是关于里尔克的《马尔特·劳利得·布里格随笔》，为此他读了大量相关资料，并且写出了论文提纲。正在这时，阿莱文教授因是犹太人而被撤职。冯至的博士论文改由布克教授指导。根据布克教授的建议，他把论文内容改为研究浪漫派作家诺瓦利斯的文体，题目定为《自然与精神的类比——诺瓦利斯的文体原则》。

早在 20 世纪 20 年代，冯至就对德国浪漫派发生了兴趣，他的诗歌创作就是"在晚唐诗、宋词、德国浪漫派诗人的影响下"开始的。浪漫派在他心中的地位虽然后来逐步为歌德和

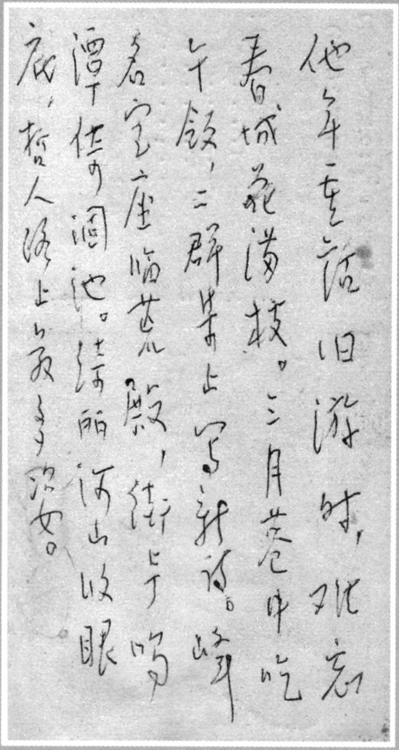

他年重话旧游时，北京
春城花满枝。三月巷中吃
午饭，三群笔上写新诗。峰
峦空座临苍殿，街上呜
潭下作词调。绮丽河山收眼
底，哲人源上发幽姿。

冯至手迹

里尔克所取代，但是荷尔德林、诺瓦利斯仍是他很喜欢的作家。在柏林时期，他在研究班里就曾写过一篇很长的论文，把诺瓦利斯的《夜颂》和荷尔德林的《面包与酒》这两首诗进行了比较。冯至一直很推崇诺瓦利斯的才智，他晚年在《谈梁遇春》一文中，把诺瓦利斯与中国的李贺、英国的济慈等列入"少数华年早丧的诗人"，他们"像是稀有的彗星忽然出现在天边，放射异样的光芒，不久便消逝"，"他们的创作时期极为短促，论成绩则抵得住或者超过有些著名诗人几十年努力的成果"。现在，为了作好毕业论文，他又倾注全部精力读浪漫派作品，研究诺瓦利斯。冯至于1935年6月下旬通过论文答辩，获得海德堡大学哲学博士学位。

冯至获得海德堡大学博士学位后，准备和姚可崑一起回国。这时，两人的婚姻问题也提到日程上来了。回国结婚吧，两人都讨厌社会上一般的结婚仪式。经反复商量，决定回国途中在巴黎结婚。冯至的老师张凤举当时在巴黎，他写信征得张教授的赞同和支持后，与姚可崑于7月上旬抵达巴黎。7月20日，小小的婚礼在巴黎的一家中餐馆山东饭店举行。一切准备工作都是张凤举操办的。参加婚礼的有八九个人，其中两位法国人曾在北平工作过，经张凤举介绍，冯至曾教过他们汉语；其他中国人都是他们的朋友，有的在法国，有的是从海

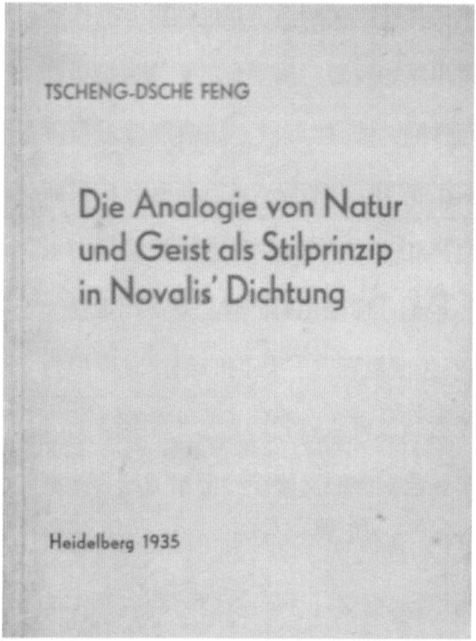

TSCHENG-DSCHE FENG

Die Analogie von Natur und Geist als Stilprinzip in Novalis' Dichtung

Heidelberg 1935

冯至的博士论文《自然与精神的类比——诺瓦利斯的文体原则》（德文版，1935年，海德贝格。本文已由李永平、黄明嘉翻译为中文，发表在《外国文学评论》上）

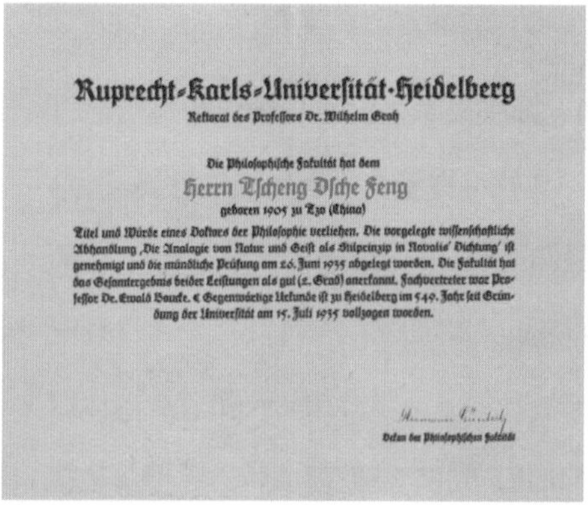

Ruprecht-Karls-Universität-Heidelberg

Rektorat des Professors Dr. Wilhelm Groh

Die Philosophische Fakultät hat dem

Herrn Tscheng Dsche Feng

geboren 1905 zu Tzo (China)

Titel und Würde eines Doktors der Philosophie verliehen. Die vorgelegte wissenschaftliche Abhandlung ‚Die Analogie von Natur und Geist als Stilprinzip in Novalis' Dichtung' ist genehmigt und die mündliche Prüfung am 26. Juni 1935 abgelegt worden. Die Fakultät hat das Gesamtergebnis beider Leistungen als gut (2. Grad) anerkannt. Fachvertreter war Professor Dr. Ewald Boucke. ¶ Gegenwärtige Urkunde ist zu Heidelberg im 549. Jahr seit Gründung der Universität am 15. Juli 1935 vollzogen worden.

Dekan der Philosophischen Fakultät

冯至的海德堡大学博士证书

德贝格赶来。张凤举是婚礼主持人兼证婚人，还代表新人的家长。婚宴上大家谈得很尽兴。冯至和姚可崑心里非常激动和快乐，现在他们六年的热恋和难忘的留学生活都将成为过去，从此两人将要开始新的生活。

冯至（右六）与姚可崑（右五）的婚礼（1935年7月20日，巴黎）。张凤举（右一）是婚礼的主持人兼证婚人，还代表双方家长

告别巴黎，他们在米兰、罗马等地做了短暂的停留，最后从威尼斯登上开往上海的邮轮，于9月初到达上海。见到杨晦，杨晦严肃地对冯至说："不要做梦了，要睁开眼睛看现实，有多少人在战斗，在流血，在死亡。"这对冯至无异于当头棒喝。9月6日，他们去拜访了鲁迅，鲁迅在那天的日记里写下"下午杨晦、冯至及其夫人来访"。当年柏林的朋友多在南京，蒋复璁1932年回国后就筹备成立中央图书馆，任馆长，朱偰和滕固也都在那里。蒋复璁希望冯至到南京去，因为时任交通部部长的朱家骅曾担任过北大德文系主任，与他们有师生之谊，当时正在延揽人才，很注意收罗留德学生。蒋复璁的意思是，去南京不愁没有工作，想做什么，甚至可以自己选择。但冯至与杨晦商量时，杨晦说："南京，国民党的气味太重，不能去。北平虽已是一座危城，但多少还有些自由的气氛，纵使是胡适，也比南京国民党的官僚学者要好些。"所以他们决定回北平。路过南京时，小作停留看望朋友，蒋复璁热情招待，陪同参观游览，还介绍他们拜访了朱家骅。1935年9月12日夫妇俩乘火车回到北平，事有巧合，距1930年9月12日冯至离开北平，中间整整过了5年。

回到北平，他们在西单附近的新平路租了一所四合院，把常年寄住在公寓和亲戚家的父亲接来同住。不久我的伯父和

冯至在北平的家中（1936年）。他身后的三个大书橱是
为存放从德国带回来的书籍在北平量身定做的

叔父两家也都从东北回到北平，全家相聚，其乐融融。在没有找到正式工作以前，冯至为时任北大文学院院长的胡适主持的中华教育文化基金会下设的编译委员会翻译歌德的《维廉·麦斯特的学习时代》，每月预支稿费150元；同时担任中德学会的中方常务干事，每周去三个下午，主要是校阅"中德文化丛书"书稿。当时，华北和北平面临日本帝国主义的侵略，形势岌岌可危，但是在这不到一年的时间里，一家人倒是过了一段相对平静的生活。冯至的朋友顾随、林如稷等常来叙谈，偶尔也去参加朱光潜家的谈诗会，与朱光潜、梁宗岱等会晤谈诗。

1936年6月，长女冯姚平，也就是我，在北平出生，给这个家庭，特别是给我的爷爷，带来了欢乐。可是不久，冯至收到蒋复璁的信，说上海同济大学聘他为教授，兼附设高级中学暨德语补习班主任，7月下旬便到上海去了。姚可崑本想留在北方工作，可以照顾老人，但我那深明大义的爷爷对她说："看形势，平津非久留之地，我们现在是'燕巢于飞幕之上'。"劝她也到南方去。不久，姚可崑带着三个多月的我也到了上海。从此我们就没能再见到爷爷，我只是从父母的述说中感受到爷爷对我的爱。

同济大学原是一位德国医生创办的同济德文医学堂，后来

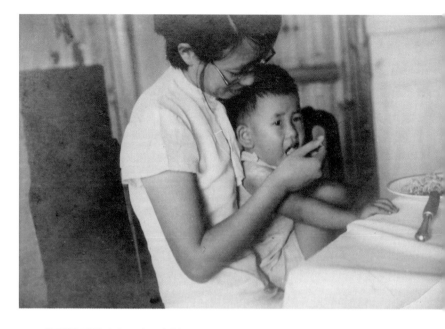

姚可崑与冯姚平（1937年，上海）

增设了工科，第一次世界大战期间由中国人接收续办，1927年成为国立同济大学，1936年又建立了一个小规模的理学院，由于学校的传统，德语是第一外国语。为了让学生能掌握德语，附设了高级中学暨德语补习班。这个学校属于朱家骅的势力范围，冯至能到那里工作就是蒋复璁通过朱家骅给推荐的。朱家骅希望去同济工作的人能为他培养人才，将米供他使用，并打算在大学里筹办文学院，但冯至辜负了他的希望，没有按照他的意思去做。

那时同济大学和附中都在吴淞，冯至一家租住在吴淞镇上的一座小楼房里，离冯至工作的地方不远。姚可崑在同济大学附设高级职业学校教德语，每周三次乘小火车去江湾上课。

冯至是认真的，他为学生刊物《芥舟》写的刊首语《赠同学》中这样说："同济大学是一个研究医学、工学和自然科学的学府。这些学问，一方面是致用，一方面是求真；同时也教给我们做人的道理：不要苟且。因为无论是建筑一座桥梁，或是治疗一个久病的人，都要灌注以全副的精神，不容有半点疏忽。至于处事呢，也正如在河上建桥，给病人医病一般，我们立在'现实'的前面，既不能躲避，也不能蒙混，人人要想到自己的责任，认真地做下去。……我希望我们无

冯至（冯承植）与国立同济大学德文月刊社全体干事的合影（1937年暮春摄于吴淞同济大学主楼前，照片由阿尔布雷特·赖因瓦尔特先生提供）

论是做学问，或是做事，遇有不切实、不合理的地方，都要觉得是切身的痛苦，加以改正。"他对学生这样要求，也这样要求自己。

10月19日，鲁迅先生去世的消息令冯至感到震惊和悲痛。他和姚可崑、杨晦参加了鲁迅出殡的行列，从殡仪馆走到万国公墓，挽歌的歌声此起彼落，漫长的队伍好像没有尽头。他也不希望很快地到达墓地，心中默想，他和杨晦在这里，也代表了不在上海的陈翔鹤、陈炜谟、林如稷，他们都会同样感到悲痛。没想到，这事竟受到"调查"——半天的时间，大学部打来三个电话找冯至；不久，大学秘书长拿出一个黑名单给冯至看，上面有杨晦和十几个学生的名字，说这些人是受第三国际指使的。冯至说这些学生都是努力学习的好学生，没有发现什么不轨行为，杨晦是我介绍来的，我负责。

在许多年前的一个黄昏
你为几个青年感到一觉；
你不知经验过多少幻灭，
但是那一觉却永不消沉。

我永远怀着感谢的深情

望着你，为了我们的时代：

它被些愚蠢的人们毁坏，

可是它的维护人却一生

被摒弃在这个世界以外——

你有几回望出一线光明，

转过头来又有乌云遮盖。

你走完了你艰苦的行程，

艰苦中只有路旁的小草

曾经引出你希望的微笑。

——冯至《十四行集·鲁迅》（1941 年）

到同济后，冯至邀请杨晦和鲍尔到附中工作，杨晦任历史教师，鲍尔教德文。杨晦结合教学对学生进行爱国主义教育，主张抗日，反对法西斯，深得广大学生的欢迎。冯至缺乏政治头脑，但他为人正直，秉公行事。他爱护学生，支持学生爱国、要求抗日的正义活动，却不知学生里夹杂着一些复兴社与 CC 派分子，不断抓住鸡毛蒜皮的小事挑起事端。他初到同济，对同济复杂的政治形势茫然无知，由于同情、保护进步学

鲍尔（前排右一）随同济大学德籍教师由上海经香港赴赣州时
在广州的合影（1938年1月）

生而受到反动势力的挤对，心情很不舒畅。

　　不过，这段时间冯至渐渐恢复了停顿已久的写作生活。戴望舒创办《新诗》月刊时，曾通信约请孙大雨、卞之琳、梁宗岱、冯至和他自己共同组织编委会，至此冯、戴二人方得以见面。他为《新诗》月刊写了纪念里尔克逝世十周年的文章介绍里尔克，翻译了里尔克的诗，还翻译了歌德"爱欲三部曲"中的《马利浴场哀歌》；他翻译尼采的诗提供给黄源的

《译文》和王统照的《文学》月刊；《西风》上刊登了他的《罗迦诺的乡村》和《怀爱西卡卜》两篇散文；写了四首怀念亡友梁遇春的诗，发表在朱光潜在北平主编的《文学杂志》第一期；他把曾在《华北日报副刊》发表过的《给一个青年诗人的十封信》重新整理，写了序言，寄给北平中德学会作为"中德文化丛书"的一种。这中间歌德《维廉·麦斯特的学习时代》的翻译仍然慢慢地进行着。同时，他积极支持学生刊物，把自己翻译的歌德《中德四季晨昏杂咏》十四首诗送给《芥舟》发表，"作为中德文化接触中历史上的一个小小的纪念"。这是冯至在北大学德文时，应老师卫礼贤（Richard Wilhelm）先生的要求，为他的一篇讲《歌德与中国文化》的文章译成的中文，后来又被转录在宗白华等人编的《歌德研究》里。这一切，都是他屏除行政工作的烦恼，在夜里灯光下完成的。

1937 年抗日战争全面展开。8 月 12 日下午，冯至在吴淞处理完工作，开往上海的小火车已经停运了，他后来在《八月十日灯下所记》（1945 年）一文中这样回忆当时的情景和心情："我只好跳上一只黄浦江上的小船，离开这一有战争便首当其冲的吴淞镇。船在日本军舰的中间穿过，军舰上常常有日本的军官拿出望远镜向四方瞭望。……船到上海，已经是万家灯火，当我回到家里向家人述说这一天的经历时，闸北一带的炮声已经响起来了。我听着炮声，深深地喘了一口气，好像放下了一个长年的重担，这重担是比'九一八'还早便已经压在我们身上了。同时感到，整个的中国也在喘了一口气。"

9月中，父母带着一岁零三个月的我随同济大学内迁，辗转浙江金华、江西赣州、广西八步，取道河内，于1938年底到达昆明。这是一个艰险的旅程。在赣州，父亲受到国民党特务手榴弹的威胁，他非常愤怒，感到在这样的环境里没法工作了，于是要求辞职。紧接着我母亲得了一场大病，虽然同济的校医唐哲尽力维持，但还是十天十夜不省人事，其间父亲一直守护在她的床边，就在别人都觉得她将死去的那个夜晚，爱情和顽强的生命力战胜了死神，母亲苏醒了过来。"大难不死，必有后福。"她后来恢复了健康，活到99岁，这是后话。到广西平乐又收到了我伯父的信，告知我爷爷在北平病逝的消息。父亲非常悲痛，爷爷苦难一生，他未能尽孝。父亲说，1938年是他最倒霉的一年，赣州是他最厌恶的地方。最无望时，他曾想，万一母亲有什么意外，他要弄个瓶子把骨灰装在里面带着走，绝不能把她孤零零地留在那里。

但这却是一个有收获的历程。"早年感慨恕中晚，壮岁流离爱少陵"，冯至年轻时喜欢中、晚唐诗人的诗，与杜甫的"深交"正是从这颠沛流离中开始的。他随身带着一本日本袖珍本

冯至在上海的家中工作。这台德国打字机陪伴他多年，是他的得力助手。20世纪40年代在昆明，卞之琳常来冯至家中用这台打字机打字，把他和闻一多协助英籍教授白英编辑的《现代中国诗选》翻译成英文向国外介绍

的《杜甫诗选集》，翻来覆去地读，越读越深入，他说："携妻抱女流离日，始信少陵字字真。未解诗中尽血泪，十年俩作太平人。"（《赣中绝句四首其二》，1938年1月）这首诗被印在了2014年人民文学出版社再次出版的《杜甫传》扉页上。根据这段旅途中的经历还产生了后来收入《山水》中的两篇优美的散文《在赣江上》和《忆平乐》。另一个重要收获是：这一段同甘共苦、同舟共济，互相关心、互相帮助的"逃难"生活使得同事、师生之间建立起了深厚友情，有些人则成为终生的朋友。改革开放以后，父母已近耄耋之年，当年的学生也都年近古稀，但他们都还以旺盛的精力奔走在祖国建设的各条战线上。特别令我感动的是，家里经常见到几位白发苍苍的老人结伴来看望同样白发苍苍的两位老师，他们畅谈往事，无限怀念。还有那一封封情真意切的来信，记载着跨越了半个多世纪的真诚友谊。

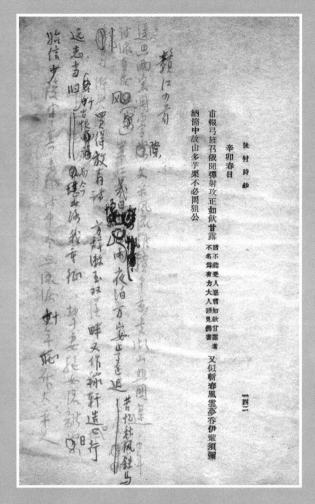

冯至手迹《赣江四首》。当时写在《宋诗钞略》一书后面，
收入《冯至选集》时略有改动

华年磨灭地之三

——在昆明

从 1938 年底到 1946 年 6 月离开，我们在昆明一住就是七年半。

初到昆明，母亲还带着赣州大病的后遗症；父亲又先后得了回归热、恶性疟疾、斑疹伤寒、背上疽痈几种病；我也是大小病不断，7 岁时还被大兵打破了头，差一点要了我的命。这些病痛还只是头儿年的事，而贫穷则贯穿了整个昆明时期。父母把他们从国外带回来的留声机、照相机连同结婚礼物都一件件地卖掉，只剩下书，"家贫尽售战前物，时困犹存劫后书"。最让我伤心的是，鲍尔从德国带给我的一只可爱的大象玩具，会点头迈步的，也被送进了旧货店。这件稀罕的洋货很争气，换来了足够全家吃一个月的大米，这对我多少是个安慰。面对衣食不济的生活，父亲曾经戏改冯延巳《鹊踏枝》中的词句，说他的衣着"百孔千疮衣和袜，不知针脚如何下"。

但是，冯至的精神是旺盛的。1939 年底，他摆脱了同济附中恼人的政治环境和行政事务，转到由北大、清华、南开三校组建的西南联合大学外文系任德语教授。在艰苦的战争岁月里，西南联大师生思想非常活跃，学术气氛很浓，民主运动蓬勃发展，在这样的环境里他认真教书，努力研究，与新老朋友和学生进行有意义的交往，受到很多启发，心情十分舒畅。他曾说："如果有人问我，'你一生中最怀念的是什么地方？'

冯至一家游大观楼。身上是全
家出门唯一的一套"行头"

冯至的"昆明市民身份证明书"。两位保证人吴达元、陈福田都是联大外文系的教授，陈福田是系主任。证明书上还有西南联大印章和三校负责人梅贻琦（左）、蒋梦麟（中）、张伯苓（右）的印章。他们要确保"上列被保证人确系良民，如有不法，保证人甘愿负责"

我会毫不迟疑地回答：'是昆明'。如果他继续问下去，'在什么地方你的生活最苦，回想起来又最甜？在什么地方你常常生病，病后反而觉得更健康？什么地方书很缺乏，反而促使你读书更认真？在什么地方你又教书，又写作，又忙于油盐柴米，而不感到矛盾？'我可以一连串地回答：'都是在抗日战争时期的昆明。'"

看看当年的学生怎样描绘这位老师："40年代初在国立西南联大讲授歌德和里尔克的教授的外观没有给他的学生留下深刻印象。他长得敦实，胖乎乎的脸和他常穿的已褪色的蓝长袍使他看起来更像一个小杂货店主，而不是一位诗人。甚

西南联大的校门

至他的银丝边眼镜也没有添加一点诗人或学者的风采。 但这是一位老练的诗人，他的作品自从 20 年代以来就赢得了一批忠实的读者。"（许芥昱《二十世纪中国诗选》，1963 年）

冯至在《昆明往事》里说过："'这七年中，朋友当中见面时常常谈些文学问题，给我不少启发的，是卞之琳和李广田，

冯至与邻居廖作新在昆明怡园巷（1940年）

40年代与友人同游大观楼。前排左起：夏康农、夏康农夫人杨明、夏容、冯姚平、夏翊、夏延、翟立林夫人华茜、翟立林，中坐者为姚可崑，后立者为冯至

常常谈些政治形势和社会现象的，是陈逵、夏康农和翟立林'。这几位朋友（现在我应该称他们为同志）有的是重逢，有的是初识，他们对于我在思想上、政治上以及业务上都有过不少的帮助。我们见面时，或畅谈时势，或评骘文坛，既不觉时光流逝，也忘却生活的贫困，相反，却丰富了见闻，打开了思路。我和卞之琳、李广田是同事，都在西南联大教书；夏康农是中法大学的生物学教授，他剖析时事，常有独到的见解；翟立林毕业于同济大学工学院，他兴趣广泛，思想进步，曾在敬节堂巷与我们同住；陈逵是我的前辈，他在昆明时任云南大学英文教授，1942年暑假离昆去湖南大学，后来他赠给我两首诗，其中有句云：'偶然知己遇，暗室匣珠明。'"

1944年春，杨振声建议，朋友们每星期聚会一次，互通消息，漫谈文艺问题，地点就选在钱局街敬节堂巷冯至家。参加聚会的有杨振声、闻一多、闻家骊、朱自清、沈从文、孙毓棠、李广田、卞之琳等。这种聚会很活跃，一次徐梵澄从重庆来，对冯至说："在重庆听说你们这里文采风流，颇有一时之盛啊！"

那时，日本飞机几乎天天来轰炸。每次跑警报，冯至夫妇只带两样，一个是女儿姚平，另一个是一只小皮箱，里面装着他们的译稿。1940年9月的一次轰炸，把他们怡园巷住的

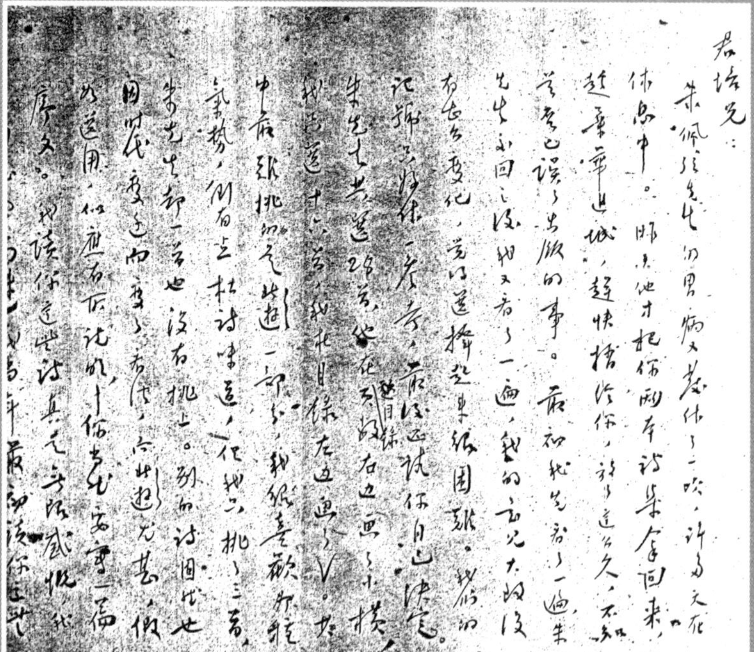

李广田致冯至信（1948年手迹）

房子炸了，只好搬家，搬到昆明东郊金殿后面杨家山上的一个林场，这是同济大学同学吴祥光的父亲经营的。那里长满了松树、枞树和高耸的尤加利树。从1940年10月1日到1941年11月4日，冯至一家在这里的两间茅屋里住了一年多。"风声雨声，声声入耳，云形树态，无不启人深思。"冯至回忆说："那里的一口清泉，那里的松林，那里林中的小路，那里的风风雨雨，都在我的生命里留下深刻的印记。我在40年代初期写的诗集《十四行集》、散文集《山水》里的个别篇章，以及历史故事《伍子胥》都或多或少地与林场茅屋的生活有关。

87岁的冯至（右）与81岁的卞之琳（左）
（摄于北京永安南里寓所，1991年）

昆明杨家山上的"林场茅屋",在这里,冯至创作了他一生最有
分量的几部著作

换句话说，若是没有那一段生活，这三部作品也许会是另一个样子，甚至有一部分写不出来。”

李广田曾评论说："他是沉思的诗人，他默察，他体认，他把他在宇宙人生中所体验出来的印证于日常印象，他看出那真实的诗或哲学于我们所看不到的地方。"（《沉思的诗——论冯至的〈十四行集〉》，1943 年）

在这里冯至还开始翻译德国俾德曼编的《歌德年谱》，并详加注释，为他后来的歌德研究打下了基础。这时姚可崑也在翻译德国赫尔曼的《楼兰》、卡罗萨的《引导与同伴》等。晚上，两人同守着一盏昏暗的菜油灯，深深地沉浸在工作中，有时二人不期而然地同时抬起头来，"相视而笑，莫逆于心"。树林里有些小路，他们常常随意沿着其中的一条散步。有一天他们走到龙头村，拜访了住在那里的罗常培、罗庸和来昆明做客的老舍。

1943 年 9 月初，冯至曾陪送卞之琳上山，教会他用林中的松果引火生炭炉做饭。卞之琳独自在茅屋里住了两个星期，完成了他的长篇小说《山山水水》初稿，脱稿时正是明月当空的中秋节。

1930 年以后，冯至就很少写诗了。但是 1941 年住在杨家山时，他进城上课，十五里的山路，走去走回。一个人在山径上、田埂间走路，总不免要看要想。有一次，在一个冬天的下午，他望着几架银色的飞机在蓝得像结晶体一般的天空里飞翔，想起古人的鹏鸟梦，就随着脚步的节奏，信口说出一首有韵的诗，回家写在纸上，正好是一首变体的十四行诗。从此一发不可收拾，到这年秋天大病之前，一共写了27首，集成一集，交给陈占元，由他主持的明日社出版。

在《十四行集·序》里，他说："有些体验，永远在我的脑里再现，有些人物，我不断地从他们那里吸收养分，有些自然现象，它们给我许多启示。我为什么不给他们留下一些感谢的纪念呢？由于这个念头，于是从历史上不朽的人物到无名的村童农妇，从远方的千古的名城到山坡上的飞虫小草，从个人的一小段生活到许多人共同的遭遇，凡是和我的生命发生深切的关联的，对于每件事物我都写出一首诗。"

1942年8月，冯至从过去写的散文中抽出十篇性质相近的，编成一个集子，在封面上题了"山水"二字，交给杨振声转重庆国民出版社出版。在1947年的增订本后记中，他说："在抗战期中最苦闷的岁月里，多赖那质朴的原野供给我无限的精神食粮，当社会里一般的现象一天一天地趋向腐烂时，任何一棵田埂上的小草，任何一棵山坡上的树木，都曾经给予我许多启示，在寂寞中，在无人可与告语的境况里，它们始终维系住了我向上的心情，它们在我的生命里发生了比任何人类的名言懿行都重大的作用。"

冯至的中篇历史小说《伍子胥》写于 1942 年冬至 1943 年春。他从少年时就喜欢这个为了父兄的仇恨不得不离家投入一个辽远而生疏的国土、有许多意外遭遇的传奇历史人物。1926 年初次读里尔克的散文诗《旗手里尔克的爱与死之歌》时，后来在柏林听到友人梁遇春逝世的消息时，在船上望着海鸥的出没时，都起过写伍子胥的愿望。这次是他看到卞之琳的《旗手》译稿，一时兴会，便写了出来。只不过到了 40 年代，伍子胥在"我的意象中渐渐脱去了浪漫的衣裳，而成为一个在现实中真实地被磨炼着的人，这有如我青年时的梦想有一部分被经验给填实了，有一部分被经验给驱散了一般。"他笔下所写，如他在"后记"中说的："其中掺入许多琐事，反映出一些现代人的，尤其是近年来中国人的痛苦。这样，二千年前的一段逃亡故事变成一个含有现代色彩的'奥德赛'了。……于是，伍子胥对于我好像一棵树在老的枝干上又发出了新芽。"《伍子胥》的个别篇章先发表在陈占元编的《明日文艺》上，后来全文登载在李广田编的《世界文学季刊》（1945 年）上。

抗战胜利后，《十四行集》《山水》和《伍子胥》这三本书都被巴金先生收入他主编的"文学丛刊"，由上海文化生活

《山水》上海文化生活出版社1947年增订本（右）及台湾大雁版（左）

《十四行集》初版（明日社,1942年）　　《伍子胥》初版（上海文化生活出版社,

1946年）

20世纪40年代，冯至在昆明各种报刊上发表的杂文

出版社出版。这三本书曾产生一定的影响，受到读者的喜爱，但后来很长一段时间在国内就不再有人提及了。直到改革开放以后才又被发掘出来，正如钱理群在《20世纪中国小说读本》中所说："（《十四行集》《山水》和《伍子胥》）……在诗歌、散文、小说三个领域，都达到了很高的艺术水准，呈现出一种生命的沉思状态，自觉地追求艺术的完美、纯净与和谐，在40年代，以至整个中国现代文学之林中，都是独特的'这一个'。"2000年，《十四行集》被我国文学界、出版界评选为"百年百种优秀中国文学图书（1900—1999）"之一。

冯至的《十四行集》，卞之琳的《慰劳信集》《十年诗草》等都是桂林明日社出版的。而这个明日社实际上就是他们的朋友陈占元自己的。约稿、编辑、印刷、校对、发行全是他自己在干，同时他还在做翻译和研究工作，他们那时候，效率就是那么高。陈占元还和冯至、卞之琳、李广田等一起编辑出版了一本文艺刊物《明日文艺》，可惜因为桂林遭日军轰炸，疏散人口，只出版了四期就停刊了。

1939年冯至初到西南联大，虽然得到杨振声、朱自清、罗常培等北大学长的关照，毕竟人生地疏，只是认真教书，一丝不苟地批改作业，过了一段时间，渐渐结识了一些学生。1940年10月冬青文艺社袁方、杜运燮来邀他在纪念鲁迅逝世四周年时做讲演，这是他和学生社团接触的开始。联大的学生社团很活跃，"皖南事变"后，骨干们曾到乡间避了一段，1942 年又逐渐恢复起来，他们办壁报、办小型刊物。冯至和他们的接触日渐增多，积极为他们提供稿件，参加他们组织的活动。1944 年 5 月 4 日，他和闻一多、朱自清、卞之琳、沈从文等十位教授应邀参加纪念"五四"的文艺晚会，遭到特务破坏而中断，8 日继续举行，他在会上做了题为《新文艺中诗歌的前途》的讲演。在图书馆前的大草坪上，几千人席地而坐，认真听讲，秩序井然。

这时，冯至已经很少写《山水》这样的文字了。当时后方城市里不合理的事成为常情，合理的事成为例外；眼看着成群的士兵不死于战场，而死于官长的贪污；努力工作者日日与疾病和饥饿战斗，而荒淫无耻者却好像支配着一切。他写作的兴趣也就转移，开始写一些关于眼前种种现实的杂文，在《生活周报》《春秋导报》《自由论坛》《独立周报》等成为一时风尚的小型周刊上发表，如《认真》《空洞的话》《自慰》《问与答》《传统与"颓废的宫殿"》《界限》等。在这些杂文里他提倡认真工作，反对社会上对于事物漠不关心的"差不多"态度；他提倡说实话，反对当局者和报纸上大言不惭的空话；他提倡中国人要正视自己的弱点，反对用"外国也有"以自慰。

他以为人际之间是不断的"问与答",有问有答,才有生活意义;生活到某一阶段时要求有严肃的决断,迟疑不断是最大的痛苦;继承优良传统必须排除复古主义;事事要有个界限,而界限随着时代的不同都在变化着;等等。其中有些文章到现在读起来还很有现实意义。

随着文艺生活的活跃,冯至的年轻朋友多了起来,他们常来谈诗论文,这开阔了他的视野,给他以启迪。当时在联大任助教的杨周翰和穆旦也来过,他们后来都很有成就,他们的先后去世都令冯至非常痛心。杜运燮后来参军去印度,还不断有诗寄来,冯至帮他在《生活文艺》上发表。听冯至德语课的哲学系学生郑敏回忆:"在我大学三年级时,某次在德文课后,我将一本窄窄的抄有我的诗作的纸本在教室外递上请冯先生指教。第二天德文课后先生嘱我在室外等他,片刻后先生站在微风中,衣襟飘飘,一手扶着手杖,一手将我的诗稿小册递还给我,用先生特有的和蔼而真诚的声音说:'这里面有诗,可以写下去,但这却是一条充满坎坷的道路。'我听了以后,久久不能平静,直到先生走远了,我仍木然地站在原地,大概就是在那一刻,铸定了我和诗歌的不解之缘。"(《忆冯至吾师——重读〈十四行集〉》)冯至从她的诗中选出几首,寄给陈占元,在《明日文艺》上发表。他们几位后来成为著名的九叶诗人，都写出了他们各自独具风格的诗篇。

1944 年 4 月和 1945 年 3 月新诗社和联大文艺社成立，父亲支持他们，积极参加他们的活动。我还跟着去参加过他们的月光晚会。小树林里，月光下面，同学们席地而坐，讨论问题，朗诵诗歌。给我印象特别深的是闻一多伯伯，他是新诗社的导师，坐在一只有扶手的大椅子里，上面铺了一张老虎皮，我第一次见到这种东西，很新奇。作家闻山曾写过一个条幅："佳节春城处处花，岭南冀北聚天涯。蔷薇架影诗和月，浩气横空警暮鸦。"这是为纪念这段友谊，他写给父亲的一首诗。我特别得意的是，他在后面还有一段话："一九四四年中

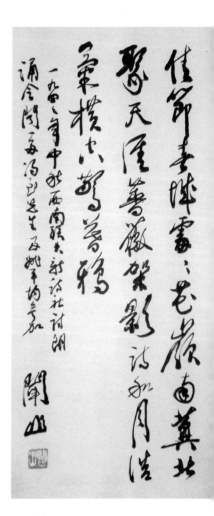

闻山诗条幅

095

秋西南联大新诗社诗朗诵会闻一多冯至先生及姚平均参加。"
至于文聚社的林元，则与父亲始终保持着组稿与投稿的关系，
也正是他促成《杜甫传》在《新观察》上的连载。他们之间
的友谊一直延续到生命的终结。

1943年，冯至写过一篇文章《工作而等待》，其中写道：
"我们应该相信在那些不显著的地方，在不能蔽风雨的房屋里，
还有青年——纵使是极少数——用些简陋的仪器一天不放松地
工作着；在陋巷里还有中年人，他们承袭着中国的好的方面的
传统，在贫乏中每天都满足了社会对他提出的要求。他们工作
而忍耐，……但真正为战后作积极准备的，正是这些不顾时代
的艰虞、在幽暗处努力的人们。他们绝不是躲避现实，而是忍
受着现实为将来工作，在混沌中他们是一些澄清的药粉，若是
混沌能够过去，他们心血的结晶就会化为人间的福利。"我觉得
这正是抗日战争时期联大人的写照，后来的事实印证了冯至的
预言，在新中国建设的各个领域我们都能见到联大人的身影。

抗战胜利了，冯至无比欢跃，每天走出走进，一只手把后
袍襟撩在身后，另一只手点点画画，脚步轻快得像要跳起来，
嘴里不停地吟唱着杜甫的诗："剑外忽传收蓟北，初闻涕泪满
衣裳……"他可真是"漫卷诗书喜欲狂"了。他这样记述当
时的情况：

走到一家报馆门前，看见已经贴出一张纸，举起烛光一照，上面果然写着"日本已于今日投降"几个大字。我心里说，这应该是真实了。同时远远也仿佛听到骚动和欢呼的声音。

我面对这几个大字自言自语地说："八年的战斗，如今就这样结束了吗？"我想到这里，深深地喘了一口气，好像放下了一个长年的重担，同时又感到，整个的世界也在喘了一口气。

——冯至《八月十日灯下所记》（1945 年）

可惜好景不长，蒋介石一心一意要发动内战，冯至的心情又沉重了起来。那时他和共产党没有接触，也不过问政治，但他是一个正直、真诚的人。在大是大非面前，他认为必须坚持抗战，全民必须团结，谁若制造分裂，就是民族的罪人。这时他写的杂文多半围绕着两个问题：一是千万不要打内战；二是对敌伪绝对不能宽容。但事实上形势的发展与人们的希望完全相反。国统区内处处在镇压反内战的民主运动。1945年底，震惊中外的昆明"一二·一"惨案发生了。悲愤在他的胸中酝酿，一天清早醒来，脱口说出诗一首，立刻写在一张纸上，送到四烈士的灵前，这就是后来被刻在四烈士的墓碑上的那首《招魂——谨呈于死难同学灵前》。在风雨如磐的黑暗中他借烈士们的口呼出：

正义，快快地回来！

自由，快快地回来！

光明，快快地回来！

当时，音乐家赵讽还曾将这首诗谱成歌曲，在同学中传唱。后来，1980 年 12 月 6 日，在人民大会堂纪念"一二·九"运动 45 周年、"一二·一"运动 35 周年的大会上，230 位 40 年代老同学参加的"诗歌联唱"就是以含泪朗诵这首《招魂》开始的。

抗战胜利后，我家搬到大西门外的励新二村。这是战时为译员训练班建造的房子，胜利后交给联大使用，一栋栋的小茅草房，相当幽静。在这里，1946 年 2 月，我的妹妹冯姚明出生了，父母很高兴，她是胜利的赐予，给她取了个外国名字叫 Victoria，昵称 Vicky。

1946 年 5 月 4 日，西南联合大学完成了它光荣的历史使命，宣告结束，我们一家四口随北京大学回北平。6 月初，我们从昆明飞往重庆。当我们正在重庆等飞机时，传来了骇人听闻的消息，李公朴和闻一多在昆明被特务暗杀了。我到现在还

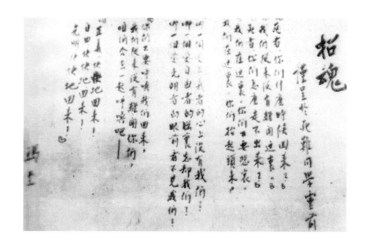

冯至《招魂》手稿

刻在昆明"一二·一"惨案四烈士墓碑上的《招魂》（赵少炜书）

姚可崀怀抱着冯姚明在
励新二村

冯姚平和冯姚明

40年代后期（或50年代初期）
的冯至

40年代后期的姚可崑

能清楚地记得，大人们坐在招待所大门过道的"休息厅"里，神色严峻地在议论什么，孩子们玩耍也都不敢像以前那样放肆了。父亲本是温和低调的人，但这种事情他不能容忍，怀着极大的激愤，他接受记者采访，并在重庆各界追悼李、闻烈士大会的发起人名单上签名。

　　回到北平，我们住进了北京大学的沙滩中老胡同32号宿舍。住在这里的还有贺麟、朱光潜、沈从文、闻家驷、陈占

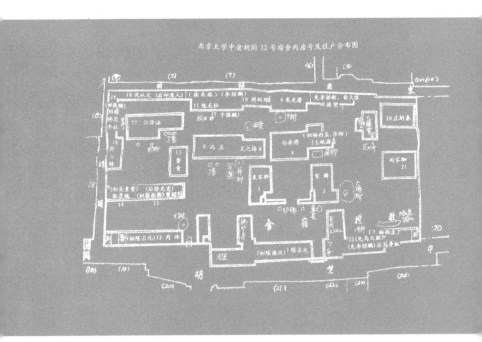

中老胡同住户分布图（沈虎雏初稿，2011年8月江丕栋修订）

元等，既有老朋友，又有新同事。父亲在北京大学西方语言文学系任教授，母亲任北平师范大学国文系教授，后又兼北京大学医学院的德文教授。

回家了，"却看亲友愁何在！"亲人们——母亲的二姐、父亲的三哥、白须飘然的九舅，又欢聚了，但失业和贫穷也在困扰着大家。我们从昆明回来，一无所有，记得父亲穿上他最好的长衫去学校上课，却被校工挡在了门外。好在那时日本人仓皇逃跑，小市（旧货市场）上东西很多，从硬木家具到日用品，应有尽有，父母就靠这些旧货装备了我们这个"教授之家"。记得我家从茶柜到枕头都是日本货，精巧可爱，父亲特别喜欢的一把小圆茶壶，上面画满红色的飞翔中的千羽鹤，一直用到现在。

最让父亲高兴的是，他又和20年代的好朋友顾随见面了，二人重逢，谈诗论文，快慰生平。他们多次见面，总是谈到夜深。顾随有诗曰："不忍相辞去，秋宵已二更。"

秋阴不散，霖雨间作。一日午后，往访可崑、君培优俪于沙滩寓所。坐至黄昏，复蒙留饭。纵谈入夜，冒雨归来，感念实多。年来数数晤对，留饭亦不可胜计，而此次别来已一星期，仍未能去心。自亦不能解其何因。今日小

103

时任辅仁大学教授的顾随。他多才多艺，写诗、填词、度曲、书法无不精通

斋坐雨，乃纪之以诗。共短句四韵四章，即呈可崑与君培，私意固非仅识一时之鸿爪而已。谅两君亦同此感。

——《赠冯君培先生夫妇》序（1947 年）

胜利后大批学者回到北平，北平和天津的报纸纷纷开辟文艺副刊，请这些教授们负责编辑，他们常向冯至要稿子。有一段时间，沈从文还把编《大公报·星期文艺》的工作让给冯至。从冯至留下来的小"工作手册"上可以看到，他组稿的对象是老（如朱自清、戴望舒）、中（如穆旦、杨周翰、袁可嘉）、青（如当时北大的学生李瑛等）结合的。

不过，冯至教书之余的主要精力还都是用在歌德研究和《杜甫传》的准备工作上边。这些工作是早在昆明开始的，他那时的"工作而等待"，到现在是要"一举而叫什么都有了交代"的时候了。联大图书匮乏，但有一套 40 卷本的《歌德全集》，他翻译《歌德年谱》并详加注释，每次借回需要的几本，以年谱为纲，认真阅读。虽然年谱因故没能译完，但阅读没有中止，把歌德著作比较系统地读完了。他在联大开设了讲歌德诗的课程，还热心参加联大活跃的课外学术活动。他曾在罗常培发起的"文学十四讲"和贺麟组织的哲学编译会上讲《德国的文学史研究》《〈浮士德〉里的魔》《从〈浮士德〉里

《歌德论述》（1948年）　　　在罗马废墟中的歌德画像（1786年德国画家蒂施拜因绘）

的"人造人"略论歌德的自然哲学》等。回到北平，继续研究，最后集成一本《歌德论述》，作为朱光潜主编的"正中文学丛书"的一种出版。书前有一篇短序，他说："这几篇关于歌德的文字，不是研究，只是叙述；没有创见，只求没有曲解和误解。……但是这些篇处处都接触到重要的几点：蜕变论、反否定精神、向外而又向内的生活。"

他认为《浮士德》是歌德一生智慧的结晶，是他创作精华中的精华。至于他诵读歌德其他的诗、格言、书信和谈话录，不只是作为美学的欣赏，也从中学到做人的道理，就是"人在努力时间内，总要迷惑"，但"谁永远自强不息地努力，我们就能解救他"。

1937 年在逃难途中，冯至重新认识杜甫，走近杜甫。到了昆明，他读杜甫诗，搜集杜甫资料，把杜诗的主题和人名、

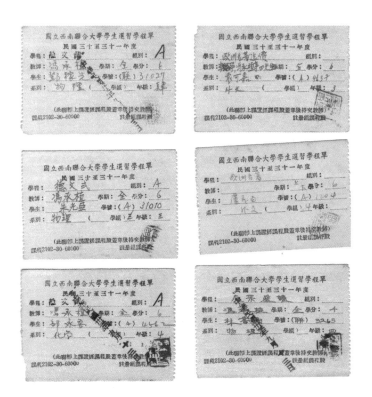

西南联大学生选习学程单（正面，民国三十年九月）

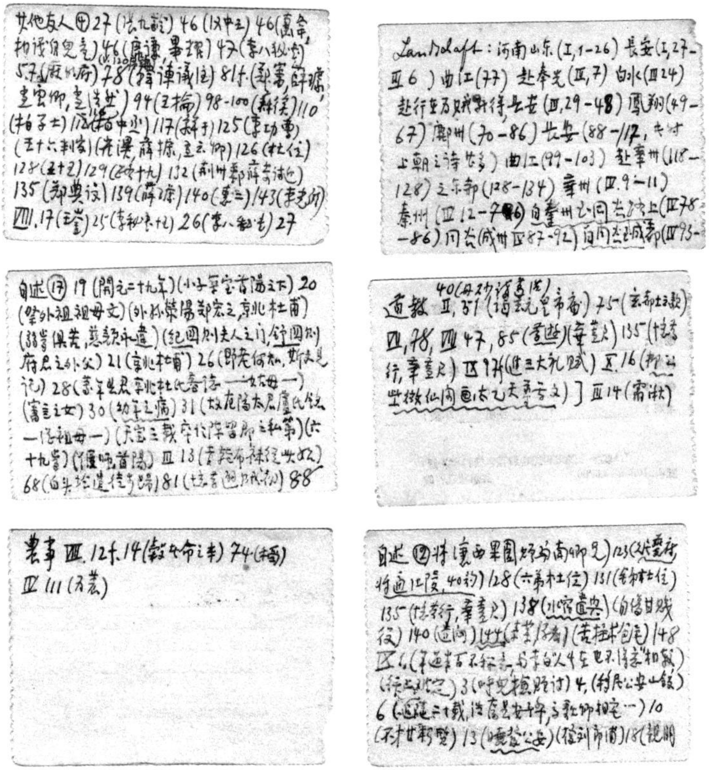

冯至用学程单反面制作的杜甫研究卡片

地名以及有关杜甫的事迹做成几百张分类卡片，并萌发了给杜甫写传的念头。当时纸张缺乏，没有卡片，他就利用选修他课程学生的"选习学程单"背面做了几百张研究杜甫的卡片。这种卡片现在还保留有98张。我们可以看到：学生邓稼先、朱光亚、邹承鲁选修他的第二外语德文；袁可嘉、卢飞白、林书闽则选修他和李赋宁、闻家驷、温德四位的欧洲名著选读课程。

他写《杜甫传》首先遇到的困难是史料的缺乏。除了杜诗本身，没有任何日记、信札或同时代人关于杜甫的记载流传下来。他采取了"以杜解杜"的办法，尽量从杜甫的作品中摄取资料。回到北平，资料丰富多了，不仅图书馆有丰富的馆藏，他从旧书摊上也搜集到不少有关唐代的文化、政治、历史、地理，以及衣食住行、社会风貌等各方面的书籍，什么《唐六典》《唐会要》《长安志》《元和郡县志》《元和姓纂》《食货志》等；还有王国维、陈寅恪等近当代学者的著作。他在分析参考各种资料（有些是互相矛盾的）的基础上制作了杜甫世系表，根据杜甫诗的描述画出了杜甫壮游时期、流亡时期的路线图，他描绘了唐代长安街巷的布局。做完这些工作，心中有数了，他才动手写《杜甫传》。他以杜甫的作品为根据，一步步推求杜甫的生活与环境，随后再反过来用他所推求的结果去阐明杜甫的作品。他将审美观照与史学意识融合在一起，把杜甫及其作品作为一个整体，置于广大而复杂的社会背景中去进行描绘，回答了关于诗人的人格、他继承的传统、他的学习、他的生活经验以及他写出这些作品的原因。冯至写完《杜甫传》时，曾说："只希望这幅画像使人一望便知道是唐代的杜甫，是被一个现代人用虔诚的心与虔诚的手给描画出来的。"1947 年至 1948 年间发表了最先写的《杜甫在长安》等几章。1951 年《新观察》创刊时，昆明的老朋友林元参加编辑工作，在他的敦促下，冯至在 1 月至 6 月把《杜甫传》写完，按期在《新观察》上发表，受到读者的欢迎和专家的重视。1952 年由人民文学出版社出了单行本，重印了四五次，并被翻译成日、俄等多种文字。

一些专家来信或写了评论，提出些有见地的意见和建议，特别是顾随和夏承焘先生的长信给了冯至很大的鼓励。夏先生长信的最后说："像杜甫这般大作家，我们学术界是应该有一部详细的传记的。……我以为可就这篇做个底子，再来扩大补充，希望几年之后，冯先生会再写出一本精详博大的杜甫传。"其实，冯至何尝不想继续他的杜甫研究呢，可惜他没有时间！直到 1962 年纪念杜甫诞生 1250 周年时写过几篇谈杜诗的文章，就再也没有新的研究。

画家蒋兆和为《杜甫传》所绘的杜甫像

《杜甫传》（人民文学出版社，1952年第一版，1980年第二版）和冯至编选的《杜甫诗选》（浦江清、吴天五合注，人民文学出版社，1956年）

1962年，冯至在首都纪念世界文化名人——杜甫诞生1250周年大会上作《纪念伟大的诗人杜甫》的报告

类似的情况，当我整理父亲研究歌德的遗稿时，发现一张1950年1月29日北大哲学讨论会"关于冯至先生做《歌德》讲演的通知"和一份未及完全整理誊清的讲稿，可能他这个阶段自由自在的歌德研究也就到此为止了。

但是，抗战胜利后北平日益高涨的民主运动不可能不影响冯至：反饥饿、反内战、反迫害、反美扶日的游行示威，签名抗议国民党反动派的种种暴行，以及学生们举办的各种纪念活动，他不是参加，就是支持。北京大学是民主堡垒，在白色恐怖下，常常有学生晚上来到冯至家，送来进步书籍，或是来告别，他感叹道："好学生都到那边去了。"1947年8月他发表了一篇文章《决断》，这是有鉴于国内进步与反动、共产党与国民党之间的尖锐斗争，告诉人们在紧要关头要勇于决断。迟疑不决是痛苦的，决定取舍后才能走入一个新的境界。但是，他自己并没有决断。对国民党他不寄予任何希望，共产党呢，他不了解，他不懂马克思列宁主义。他只会诅咒黑暗，渴望光明。为纪念"五四"，他写了长诗《那时……——一个中年人述说五四以后的那几年》，最后一段他说："那时追求的 / 在什么地方？ / 如今的平原和天空，/……/ 依然 / 等待着新的眺望。""新的眺望"到底是什么，不太清楚。后来，不少人提到这首诗。邵燕祥说："我在南加州大学集会上，朗诵了他 1947 年写的《那时……——一个中年人述说五四以后的那几年》……我说我在 1947 年时初读此诗，还只'像离开马棚的小马，第一次望见平原''像离开鸟巢的小鸟，第一次望见天空'，只是看到平原和天空'照映着五月的阳光''等待着新的眺望'，领会不到诗中的感慨遥深。"（《冯至先生的遗墨》，1998 年）

1948 年暑假，杨振声邀请沈从文和冯至两家在颐和园霁清轩度夏。在这里每天都听到西郊机场飞机起落的声音，冯至写出了散文《郊外闻飞机声有感》。文章的最后一句是："在憎恨中我深深认识到，用外国的武器来杀害自己的同胞是最卑鄙的行为。"杨振声拿去在《新路》上发表，后来被新华社在解放区播放。

冯至（右二）与杨振声（左二）、沈从文（左一）、萧乾（右一）等
摄于颐和园（1948年）

丰富多彩的十七年

1949 年 1 月，北平和平解放。2 月 3 日，人民解放军举行入城式，冯至和姚可崑都热情地参加了欢迎的队伍。他们对北平和平解放所带来的每一个变化都感到兴奋不已。更让他高兴的是许多老朋友，像杨晦、夏康农、陈逵都先后从香港、上海回到北平；他青年时期的朋友柯仲平、陶钝参加革命多年，回到北平，也来家中叙旧。当年同济附中在金华、赣州时离开学校去解放区的同学，也有不少人来家里看望，他们都锻炼成长了，每人都有不平常的经历。冯至还认识了一些久已闻名、过去不曾相识的文艺界的新朋友，如叶圣陶、胡乔木、周扬、丁玲、臧克家、艾青等人。

北平刚解放，解放军换防的第二天，我家来了两个解放军，原来他们都是跑到解放区去的北大学生。他们来请父亲到部队去参观。我也跟着去了。我们来到驻在马驹桥的一个军的军部访问了两天，住在老乡家里。父亲和军长、政委谈话，我则跟着文工团的姐姐们活动。我们回来后都深受感动，父亲说，他有生以来从未见到过这样纪律严明、谦虚爱民的军队。

7 月，冯至参加了全国文学艺术工作者代表大会，备受鼓舞，觉得"新的眺望"将成为现实了。他努力学习，满怀希望地迎接新中国的到来。

10 月 1 日，冯至无比兴奋地随北大师生的队伍参加了开

冯至在马驹桥对部队讲话

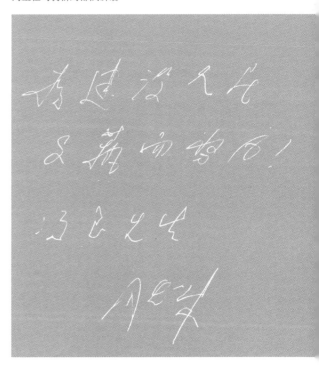

在全国文学艺术工作者代表大会上周总理给冯至的题词
"为建设人民文艺而努力！冯至先生　周恩来"

国大典，中国历史开辟了一个新篇章。新中国的各政府机关相继成立，朋友们纷纷走上各自的工作岗位。一天，夏康农来到我家，临走时，不无惋惜地说："灿烂之局，从此归于平淡。"不过，杨晦回到北京大学任中文系教授、系主任，后来又同住在燕东园。1954年陈翔鹤辞去四川省文化厅的职务，来到北京，在中国科学院文学研究所继续搞他热爱的文学工作。大家又相聚了，虽然都忙，不能常见面，但见面时，还和从前一样无话不谈。陈炜谟和林如稷都在四川教书，可惜陈炜谟于1955年过早地病逝了。

新中国成立初期，冯至全身心地投入新中国的建设工作，他仍在北京大学西方语言文学系教书，被评为一级教授，从1951年起任该系主任，他把主要精力都用在教学上。西语系德文专业53届这个班，从入学到毕业都是他和田德望两位先生带的，师生间感情深厚。让他欣慰的是，这些学生毕业后，绝大部分都活跃在教育和研究岗位上，如今都是有成就的日耳曼学者。

他还要参加"三反"、思想改造等运动，也曾去江西参加土地改革，作为作家到鞍钢、西北等地去访问、考察。他还多次参加代表团到东欧诸国和苏联访问。1950年访问东欧回来，把两个月的见闻以充沛的热情写成十二篇散文，命名《东

冯至在北大燕东园（毛松友摄，1955年）

1957年北京大学德语专业学生毕业照。前排：冯至（左四）、田德望（右一）、德国专家等教师

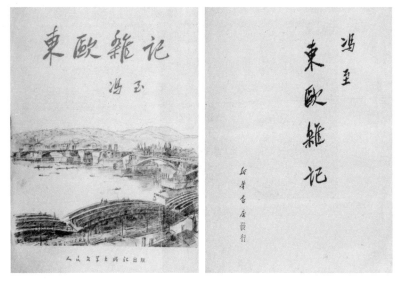

《东欧杂记》初版（右，新华书店，1950年）和第三版（人民文学出版社，1952年）

欧杂记》。文章的内容与过去大不相同，语言也有了变化，但真情是同样的。当时受到广大读者的欢迎，其中几篇被选入中学语文课本，给当年读中学的人留下很深的印象。

　　1951年，冯至参加8月在柏林举行的世界青年联欢节后，留下来为以沈钧儒为团长的国际民主法学家会议中国代表团做翻译。会议期间，观看了布莱希特的名剧《大胆妈妈和她的孩子们》，由布莱希特夫人主演。他深受感动，这是他第一次接触布莱希特的戏剧艺术。1954年与田间访问民主德国时，又到布莱希特家中做客。后来，他翻译了布莱希特的诗，并组织翻译、选编了《布莱希特选集》，内容有布莱希特的三个剧本和三十几首诗，1959年由人民文学出版社出版。这次，他还得以和他敬重的德国著名女作家安娜·西格斯会面畅谈。

1963年底至1964年初为执行文化协定中的作家互访项目，中国作家协会派冯至和远千里访问古巴，历时四十多天。来到热带的古巴，自然环境和社会生活许多方面都令他们感到新

《布莱希特选集》（人民文学出版社，1959年）由冯至选编，冯至、杜文堂译诗，姚可崑、孙凤城、杨公庶译剧本

冯至（左一）与沈钧儒（前排左二）等人参观魏玛歌德博物馆的歌德工作室（1951年）

冯至与德国作家安娜·西格斯晤谈（1954年）

冯至（前排左一）、田间（右一）、布莱希特（后排左三）、布莱希特夫人海伦娜·魏格尔（后排左二）、贝歇尔（前排右二）、魏斯科普夫（后排右一）等人在布莱希特私墅（1954年）

冯至（右二）、远千里（右一）与古巴工人在吉隆坡

冯至（左一）与远千里在古巴

奇，那时古巴革命胜利已经五年，正在热火朝天地建设社会主义国家。冯至回国后写了五言律诗十五首《古巴纪行》和散文。1965年9、10月间，中国科学院哲学社会科学部又派尹达和冯至去缅甸访问。10月上旬，冯至从缅甸回来路过昆明，李广田时任云南大学校长，在机场迎候他，劝他在昆明小住几天，老友相聚旧地重游。他心里动了一下，但因工作关系他得赶回北京，哪里想得到这次相见竟成永诀。

1954年，冯至当选全国人民代表大会代表，1955年，又被中国科学院聘为第一批学部委员。1956年6月，加入了中国共产党。他更加努力工作。繁忙的教学和行政工作占去了大部分时间，他只有利用晚上，常常写作到深夜。除前面提到过的作品以外，他还重译出版了海涅的《哈尔次山游记》《海涅诗选》，编选了《杜甫诗选》，出版了论文集《诗与遗产》等。

随着新中国的成立，每个人都感到社会进入一个新的阶段。冯至又开始写诗了，他出版了诗集《西郊集》《十年诗抄》。他这个时期的诗作大都是热情赞颂新中国成立后的种种变革和社会上的新气象，这些诗比较平淡，但是同样表达了他当时的真实感情。其中也有受人称道的作品，如《韩波砍柴》《西安赠徐迟》等。

冯至译海涅作品《哈尔次山游记》（作家出版社，1954年）

《西郊集》（作家出版社，1958年）和《十年诗抄》（人民文学出版社，1959年）

1952 年，高等学校院系调整后，北京大学搬到城外，我家也离开中老胡同，迁往燕东园。自 1950 年初，我的母亲应聘到由解放区迁京扩建的北京外国语学院任德语教授。从此，她把自己后半生的全部心血都用到了学生身上。为了工作，她住在学校，过简单的生活，只有周末才回家看看。1954 年，我被选派去苏联学习，一去五年，直到 1959 年才回来。常住在家里的只有父亲和妹妹，所以两人格外亲热，稍有闲暇，父亲就得听由女儿摆布。一次，有客人来访，谈话时父亲注意到，客人用诧异的眼光看着他。客人走后父

"苦中乐"——姚可崑在北京外国语学院教书生涯写照

亲才发现，不知什么时候，自己的头上被女儿梳了个朝天髻，结着红头绳。

　　与此同时，和所有的知识分子一样，冯至和姚可崑也经历了思想改造、"反右"、"大跃进"等各项运动。记得当我得到父亲入党的消息时，很兴奋，给他写信说我要向他学习。他回信说，他还差得远，还得努力。到后来我才理解，这对他

冯至一家在燕东园（1954年）

们不是一个轻松的过程，他们曾痛苦而由衷地想脱胎换骨，把自己改造成"人民需要的"知识分子。

1958 年"大跃进"的年代，北大西语系掀起一股"批判西方资产阶级文学"的热潮。每个专业都要提出自己的"重点批判对象"，德语专业一百多位师生集中在一间大教室里，一致提出要以歌德为批判重点。"这时站在讲台上主持会议的冯至先生表现出一种难言的苦衷，但大家都在等待着他回答。最后冯至先生不得不以深沉而诚恳的语调说：'同学们，你们现在还不知道，歌德在德国人民的心目中具有多么崇高的威望！如果我们批了歌德，会伤害德国人的民族感情的。'"（叶廷芳《缅怀冯至先生》，2005 年）动员大会不了了之。这年 7 月，北大党委又号召全校科学研究"大跃进"，要苦战四十天，做出成果向国庆节献礼。那时每天开会、搞运动应接不暇，如今名正言顺，可以在四十天内专门搞业务，真是求之不得。冯至下定决心，与几位同事合作，集体编一部《德国文学简史》。他想，自己这些年讲授德国文学史的讲稿已经写到 19 世纪中叶，以此为基础大家再加把力，分头撰写，加以补充，不愁完不成。任务完成了，这部《德国文学简史》在高校用了不少年。

1960 年，冯至与西语系师生下放十三陵公社泰陵大队劳动。他们和社员们一起挖红薯秧，打杏树叶，交给公社食堂，和在玉米面里蒸窝头吃。与农民没有"同甘"，却是真正"共苦"了。同时下去的还有教授杨周翰、李赋宁、盛澄华。

　　后来，柳鸣九在回忆文章里写道："在我们这些晚辈眼里，他是一个严于律己、德高望重、严肃方正的殿堂人物，只是在像我这样略有'异端思维'的不肖子弟心里，因为眼见一个诗人在泯没，一个学者被浪费，而暗暗为冯至先生感到惋惜。"（《记忆中的冯至先生》，2004 年）可是，这是无可奈何的事啊。

冯至（左一）师生与
泰陵大队老乡合影

1961 年到 1963 年，冯至被调去参加中共中央宣传部和教育部组织的全国高等院校文科教材编写工作，那是他心情最舒畅的一段时间。为纠正"大跃进"时代产生的偏差，编写工作要求坚持"三基""三性"，即教学方案的理论基础、知识基础、技术基础及教材的科学性、知识性、稳定性。这项工作由周扬主持，冯至被委派负责中国语言文学教材编写的组织工作。这项工作很对他的胃口，他以极大的热情与兴趣，全力投入。他们完全"脱产"，不用参加各类学习、会议，集中在一起工作。我曾到招待所（现在的金台饭店）去给他送换洗的衣物，见到过他们紧张热烈的工作场面。全体同志团结合作，完成了多部由专家担任主编、中青年教师参加编写的教材。这些教材后来一直被高等院校在教学中采用，起到了很好的作用。参加此项工作的人们也结下深厚的友谊，每年都有当年的年轻教师来看望，他们畅谈、怀念那两三年，父亲说，那是他心情最好、获益最丰富的一段时间。

　　1978 年，冯至到广州，忽然接到王季思来函，说十五年前《中国文学史》编写小组的成员正在中山大学修改《中国文学史》，听说他在广州，想和他聚一聚。于是父亲前往相聚，他们畅谈今昔，倍觉亲切。事后，父亲在笔记本里写下一首诗：

1984年，作家访问团访问特区时，冯至与周扬交谈

"避席畏闻文字狱"，/定盦诗句几回吟。/十年诬陷称毒草，/四害清除见本真。/短简相邀情谊重，/小楼欢聚笑谈亲。/会看旧著呈新貌，/仍仗原来执笔人。

1964 年 9 月，中国科学院组建外国文学研究所，冯至调任外文所所长。新所成立，全体干部赴安徽参加"四清"工作。

"避席畏闻文字狱"①
定庵诗句几回吟。
十年诬陷称毒草，
四凶清除见本真。
短简相邀情谊重，
小楼欢聚笑谈祝，
会看旧著呈新貌，
仍仗后来执笔人。 (信事先拔)

1978   予于1961年至1963年，参加政科教材编
          写工作。来广州后，忽得王季思同志来
          函，云十年前参"中国文学史"编写小组
          诸同志于正在中山大学修改《中国文学史》，
1978年   殷与我一晤。予于11月30日上午至中山
          大学与修改小组诸同志相见，谈今
          论古，倍觉情亲。
          ①黄自珍《咏史》有："避席畏闻文字狱,
          著书都为稻粱谋"。

冯至手迹

1965 年，冯姚明毕业分配到四川富顺的晨光化工厂工作。
记得 1950 年父亲出访东欧，第一次离开父亲的姚明大哭一场，
非要跟着一起去。现在，却是女儿要远行了。

冯至在安徽寿县与卞之琳（前排右一）、王平凡（前排右二）等合影

父女情深——冯姚明入队了（毛松友摄）

冯姚明赴四川工作前与父母合影（1965年）

无所作为与拨乱反正

1966 年 6 月，冯至参加亚非作家紧急会议。开会之前已经是山雨欲来，会议结束回到所里，马上就被揪了出来。他的头衔不少 —— 反动学术权威、走资本主义道路的当权派自不用说，还是两条黑线的人物：北京大学校长陆平的黑线和编全国文科教材时中宣部周扬的黑线。就连 1962 年为纪念杜甫诞生 1250 周年在《人民文学》上发表的历史小说《白发生黑

亚非作家紧急会议中国代表团合影（前排左二为冯至）

丝》也被当成"反党小说"大加批判。他后来在《自传》里说："从 1966 年至 1976 年，新中国在林彪、'四人帮'的摧残和破坏下，精神与物质两方面都遭受到了难以补偿的巨大损失，我个人也度过了十年含垢忍辱、无所作为的生活。"

和北大的朋友们比，他要幸运些，至少少受了些皮肉之苦。然而，对他精神的折磨、心灵的重创是绝对不会含糊的。

> 在我的回忆中，在那动乱、狂躁的年代中，冯至始终保持着自己的稳重与尊严，没有怒目而视，也没有声泪俱下，没有躁动失衡，也没有沉沦潦倒……他像一个静观人，而不是参与者、介入者，他沉静地观察着、感受着、承受着，不动声色，但是他的内心当是心潮起伏，憎爱分明，感情炽热的，只不过外表如一潭静水，如处于休眠期的火山。
>
> ——柳鸣九《记忆中的冯至先生》（2004 年）

随之而来的是"破四旧"。50 年代中期，冯至在老舍家看到齐白石的画，非常羡慕，就问老舍是否能代他向白石老人求一幅画。过了几个月，老舍有事来北大，随后来我家，腋下夹着一轴画。这是白石老人为冯至画的《瓠瓜图》，挺拔的枝条下垂着三个大小不一的藤黄色的瓠瓜，在一个瓠瓜上，还

冯至夫妇与女儿冯姚平（右一）、冯姚明（左二）、外孙龚冯友（中）在北京永安南里的家中，壁上所挂为1986年胡絜青所绘赠的《瓠瓜图》

点着一个鲜红的小甲虫，老舍指着它说："这小虫俗称红娘子，它非同小可，能使这幅画增加一倍的价值。"冯至喜出望外，视若珍宝。不料，就在可敬又可亲的老舍先生被迫害逝世不久，这幅画也和塞纳河畔无名少女的面模及其他他的心爱之物同时毁于"破四旧"。万幸的是，他的书基本上保留了下来。外文所的造反派先来，见到书太多，就说先封起来吧。等到北大的红卫兵来时，撕了、砸了、拿走了不少东西，但没有动这些封起来的书。这真是不幸中之大幸。

事情过去了多年，可是"灾年毁弃寻常事，回首仍如骨肉割"，1985年，冯至写了《红樱桃与"红娘子"》一文，刊登在《北京晚报》上，记述了这件事。不久，他又收到两幅《瓠瓜图》，是老舍夫人胡絜青和齐白石幼子齐良末分别差人送来的。从他们在这两幅画上的题词来看，两人都是在读了父

冯至好友翟立林在观赏齐良末画

画家丁聪为《红樱桃与"红娘子"》所作插画
"老舍送画"

亲的那篇文章后两三天内不约而同地画好送给父亲的。 他们的情谊使父亲深受感动。 这就引出了另一篇散文《文艺因缘二则》。

20世纪30年代，日本画家永濑义郎在北京的旧书店里无意中发现一本标题为《北游及其他》的诗集，封面上印有他的版画《沉钟》，便买了带回日本。 如今永濑义郎已故去，原木

1986年，《北游及其他》封面版画《沉钟》的作者、日本版画家永濑义郎夫人永濑照子拜访冯至

刻早已遗失，那本诗集也不见了。但是永濑义郎的夫人多方打听，与冯至取得联系。1986 年，冯至与永濑照子在北京家中得以欢聚。又是一段 57 年风风雨雨吹不散的文艺因缘。

1970 年 7 月，冯至随外国文学研究所到河南息县中国科学院哲学社会科学部干校劳动，不久就下到东岳大队插队；1971 年又随干校迁往河南明港。这段时间我们全家老少三代八口人分散在七个地方：母亲随北京外国语学院到湖北沙洋干校劳动；妹妹姚明和妹夫徐金堃分别在四川富顺晨光化工厂和自贡硬质合金厂工作；我的丈夫龚炳铮在天津大学教书；1969 年底，我带着六岁半和两岁半的两个孩子随我工作的第一机械工业部通用机械研究所匆忙地"战备搬迁"到了安徽合肥。由于合肥新址不具备必要的科研工作条件，研究人员不得不经常出差、下厂开展工作，行踪不定。我到达合肥一个半月就出差内蒙古做实验，五个月后才回来，只好把两个孩子和家全交给了热心、负责的安徽保姆照看。父亲要下去时，家里已经没有人了。人可以下去，书可怎么办！这可是他一辈子的心血，万劫之后的余存啊。他只得向学部提出要求，要了两间房，把家搬到建国门外永安南里宿舍，这样，我出差来回经过时可以照看一下。

《冯至走在泥泞的五七大道上》（高莽速写）

冯至在自己的书斋。摄影者将这张照片以《富翁》为题在报上发表

读书人与书的关系，不像人们想得那样单纯。有人买书成癖，琳琅满架，若是你问他，"这些书都读过吗？"他将难以回答，或者说，"哪里能读这么多"，或者说，"先买下来，以备不时之需。"与此相反，有人身边只有少量的几本书，你问他，"近来读些什么？"他会毫不迟疑地回答，"读的就是这几本。"这两种情况我都有过。

　　　　　　　　　　——冯至《昆明往事》（1985年）

冯至在北京永安南里的宿舍楼前（1972年）

1972 年，因年老体衰，冯至被批准提前回京。但是，"拂去案头尘土易，难于平静是心情"。回到北京，除了每天上午的"学习"，什么事也不能干，他非常苦恼。他一生的时间，从来没有这么浪费过。

1973 年，冯至怀着悲愤的心情翻译海涅《德国，一个冬天的童话》，心里想的是要像海涅那样"万箭齐鸣射毒鹰"。

冯至译海涅作品《德国，一个冬天的童话》（人民文学出版社，1978年）

在这种百无聊赖的日子里，"学习"完了，有时就近到臧克家家中小坐，两位老友聊一聊，以解心头郁闷。

　　两个小外孙的出生，或许也给他带来一点乐趣。他对未来没有失望，面对小外孙，他说：

　　　　我的过去，你不会明了，／你的将来，我也难以预料；

　　　　我们今天携手同行，／共迎接又一个新春来到。

　　　　　　　　　　　　　　　　——《给一个儿童》（1985年）

冯至（右一）与臧克家在臧家小院（1988年）

冯至与外孙龚冯友（1974年）

1974 年，他去参观鲁迅博物馆，此时回想青年时期从鲁迅先生那里得到的启示和教益，没有随着时间消逝，反而倍感亲切。

又一个新春终于来到了。粉碎"四人帮"以后，1977 年5 月，哲学社会科学部改称中国社会科学院。冯至恢复外国文

冯至参观鲁迅博物馆（1974年）

学研究所所长职务。他想立即着手迅速恢复外国文学的研究工作。但那时是严冬已过，积雪未全消，人们的心理状态是复杂的：一方面认为许多事要重整旗鼓，该恢复的恢复，该创办的创办；一方面又顾虑重重，心有余悸。

为了恢复已停刊十几年的《世界文学》，冯至去拜访茅盾先生，请他为这个他自己于1953年创办的刊物（原《译文》）的复刊写篇文章。茅盾欣然答应，没过多少天，就寄来一篇稿子，题名《向鲁迅学习》，论述鲁迅一生翻译介绍外国文学的辛勤工作，全文七千多字。

冯至在永安里寓所，壁上挂着茅盾　拨乱反正时的冯至（1978年）
书写的条幅（1980年）

在冯至和大家的努力下，1978 年 11 月，第一次全国外国文学研究工作规划会议在广州举行，有高校、研究所、出版社的代表一百四十多人参加，讨论确定了外国文学研究的八年奋斗目标。在这次会议上还成立了中国外国文学学会，冯至被推举为会长。会后，根据规划着手筹备出版"外国文学研究丛书"。会议期间，冯至与朱光潜、李赋宁等三十多位专家学者联名上书中央统战部，申请为外国文学研究方面做出卓越贡献的吴宓先生彻底平反昭雪，落实政策。会上姜椿芳第一次提出编纂《中国大百科全书》的宏伟计划，冯至积极支持，并接受了《中国大百科全书·外国文学卷》的主编任务。对于外国文学的作用，他说："翻译外国文学，不外乎为了两个目的：积极方面是丰富自己，启发自己，消极方面是纠正自己，并且在比较中可以知道自己的文学正处在一个什么地位。"（冯至《论现在的文学翻译界》，1944 年）

过了两年，1980 年 11 月，在成都召开外国文学学会第一届年会；再过两年，1982 年 11 月，冯至又在西安主持外国文学学会第三次理事扩大会议，讨论外国文学研究规划草案，提出今后八年的重点课题和研究项目。在全国外国文学工作者的努力下，拨乱反正，外国文学工作出现了新局面，冯至对此十分欣慰。他对外国文学的态度和对外国文学研究的期待正

中国外国文学学会在广州成立时，冯至（左一）与曹靖华（中）、戈宝权（右）合影（1978年）

成都会议上，冯至（前排中）与季羡林（前排右四）、吴富恒（前排左二）、叶水夫（前排右三）、王佐良（前排右二）、张羽（前排右一）、李赋宁（后排左一）、杨周翰（后排左二）、黄树南（后排右一）等学者合影

如绿原所说:"他的研究是从他的创作经验出发,是从中国文学传统出发,是通过比较文学的眼光来看外国文学,是为了推进本国文学而绍介外国文学。……只有爱——爱文学,爱本国文学,同时爱外国文学,才能做到认真——认真地翻译,认真地研究,认真地帮助提高本国文学的发展水平。"(绿原《冯至先生的一封信》,1993年)

成都会议后,冯至第一次参观杜甫草堂,并和成都的杜甫研究者举行了座谈。改革开放后,冯至又开始出国访问。1977年秋,随以丁雪松为首的对外友协代表团访问北欧五国。1979年,又率中国社会科学院代表团访问联邦德国。访问回来,他说最令人感动的是,在德国遇到一些在那里学习的中国台湾学生,分隔多年的同胞相见,分外亲切。同学们热情地陪伴他们参观海德堡大学校舍,寻找他的旧居,甚至有的同学是从法兰克福追随他们赶来的。

季羡林曾说:"常言道:'时势造英雄。'解放这一个时势,不久就把冯至先生和我都造成了'英雄'。不知怎样一来,我们俩都成了'社会活动家',甚至'国际活动家',都成了奔走于国内外的开会的'英雄'。我是一个性格内向的人,最怕同别人打交道。我看,冯先生同我也'伯仲之间见伊吕',他根本不是一个交际家。"(《哭冯至先生》,1993年)说得好,

冯至在杜甫草堂（1980年）

杜甫草堂石刻"人们提到杜甫时尽可以忽略了杜甫的生地和死地却总忘
不了成都的草堂——冯至"（《杜甫传》）

华君武赠冯至漫画《杜甫检讨》。冯至与画家华君武早在1950年同团访问东欧时就彼此熟识了。赠画附有短信"冯至同志：小画一幅，请收。如果不好，可退回重画。我想《杜甫检讨》画给研究杜甫的诗人还是有意思的。握手 华君武 八一年四月十三日"

冯至与中国台湾留学生在海德堡大学门前合影（1979年）

就是这么回事，他需要时间，他要研究、要写作。

1978年1月，冯至被选为第五届全国人民代表大会代表；从1979年起担任中国作家协会副主席；1983年，当选为第六届全国人民代表大会代表。

晚年

岁月日减，来日无多，父亲越来越迫切地感到有些应该做的事还没有做。只有爱惜光阴，加倍努力，才能减轻一些这个矛盾。1982年，77岁的冯至被免去了外国文学研究所所长的职务，改任名誉所长。他很高兴，有了较多的时间读书、写作。当时，我曾经向他建议说，你研究了那么多年《浮士德》，又是诗人，现在有时间了，为什么不翻译《浮士德》呢？他只是笑笑，没有回答。后来我才知道，他早有自己的打算，他有许多多年来一直想做而没有时间做的工作。所以他有"工力此生多浪费，何曾一语创新声？"（《自谴》）的诗句，我猜想，大概是指他的后半生吧。我太不了解他了。

春花秋月何时了，

开会知多少！

小楼昨夜又秋风，

岁月不堪回首座谈中。

茶杯桌椅应长在，

只是朱颜改。

问君能有几多愁？

恰似一涡潭水不东流。

——冯至《戏拟李后主〈虞美人〉》（1981年）

160

这是一次开会时，冯至在笔记本上做的"小动作"，悄悄推给坐在旁边的季羡林看，两人相视苦笑。

1979 年，他在《自传》中说："十一届三中全会后，拨乱反正，澄清了头脑里的一些混乱思想，好像又一次明确了文章应该怎样写，学问应该怎样做，力求实事求是，不做违心之论。"这种心情，他在 1991 年 3 月写的一首以《自传》为题的诗里有很好的表述。

三十年代我否定过我二十年代的诗歌，
五十年代我否定过我四十年代的创作，
六十年代、七十年代把过去的一切都说成错。

八十年代又悔恨否定的事物怎么那么多，
于是又否定了过去的那些否定。
我这一生都像是在"否定"里生活，
纵使否定的否定里也有肯定。

到底应该肯定什么，否定什么？
进入了九十年代，要有些清醒，
才明白，人生最难得到的是"自知之明"。

（1991 年 3 月 25 日）

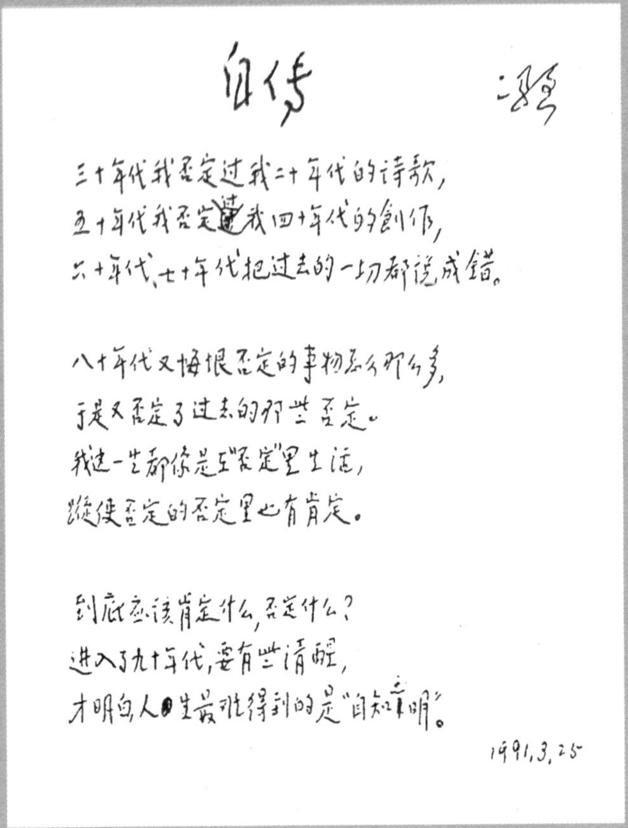

自传　　　冯至

三十年代我否定过我二十年代的诗歌，
五十年代我否定过我四十年代的创作，
六十年代七十年代把过去的一切都说成错。

八十年代又悔恨否定的事物怎么那么多，
于是又否定了过去的那些否定。
我这一生都好像是在"否定"里生活，
纵使否定的否定里也有肯定。

到底应该肯定什么，否定什么？
进入了九十年代，要有些清醒，
才明白人生最难得到的是"自知之明"。

1991.3.25

冯至《自传》手迹

冯至继续他的歌德研究。几年内，他又写了《〈浮士德〉海伦娜悲剧分析》等一些研究歌德的文章，1984年夏，利用在青岛休假的机会，他整理书稿，与40年代写的《歌德论述》里的几篇合编出版了论文集《论歌德》。本来拟的书名是《两个时期论歌德》。这里凝聚了他一生研究歌德的心血。他在《〈论歌德〉的回顾、说明与补充（代序）》里说："下卷里的文章虽然略有自己的见解，却总觉得不深不透，关于歌德要说而没有说出的话还很多，由于年龄和其他事务的限制，连'俟诸异日'这句话也不敢说了。"

在昆明，日本飞机来轰炸时，冯至夫妇不是总提着一个小皮箱吗，那里面的书稿已经在故纸堆中放了40年。那里有冯至1942年翻译的席勒著《审美教育书简》。在翻译过程中虽然遇到不少不容易克服的困难，他还是坚持译完了27封信，但他对译稿不很满意。范大灿是冯至的学生，从事文艺理论研究，尤其关心德国文学古典时期的美学。他听说冯至有《书简》旧译稿，曾多次问及，冯至就找出来交给他，请他审校。冯至在《序言》里说："……（范大灿）细心校阅，做了不少有益的改动，并附加详尽的提要和注解……又译出席勒另一篇《论崇高》作为补充。席勒这部著作的译本得以和关心美学问题的读者见面，主要是由于范大灿为此付出了大量劳动，回顾我的旧译，只能说是个初稿。这译本标明是我和范大灿的合译，是符合实际的。"

另一部是《维廉·麦斯特的学习时代》，这是歌德的一部著名的发展小说。早在1935年刚回国时，冯至就开始了这部小说的翻译。这本书由人民文学出版社于1988年出版。也要感谢他的学生关惠文。他在《译本序》的《附记》里写道："这部小说是我和姚可崑在40年代的战争时期合译的，久未整理付印，弃置箧中，约四十年。现经该书责任编辑关惠文同志校订加工，付出很多的时间和精力，此书得以出版，谨向他表示感谢。冯至，1987年12月8日。"

他还对旧译《给一个青年诗人的十封信》《海涅诗选》等做了校改和修订后再版。

前面提到，有些学者建议冯至把《杜甫传》增补得更充实些，重新出版。但他自1962年在纪念杜甫诞生1250周年时写了几篇文章以后，没有继续研究杜甫。没有新的研究，很难增补旧的著作。他只好把1962年的几篇文章作为"附录"印在《杜甫传》的后面，于1980年3月由人民文学出版社出了增订版。"文革"后，天津的百花文艺出版社于1999年、2007年再次出版。2014年6月由人民文学出版社第三次出版了图文版，补入一些具有重要文献价值的资料。

1980 年 8 月,《冯至诗选》由四川人民出版社出版,收入各个时期的诗 101 首。1985 年 8 月,二卷本《冯至选集》由四川文艺出版社出版,包括从 1921 年至 1982 年间出版的诗文集中的作品及未收集成集的作品。第一卷为诗(含旧体诗)、梦幻剧和历史故事;第二集为散文、杂文和文艺评论。

1988 年 6 月,《冯至学术精华录》作为"中国当代社会科学名家自选学术精华丛书之二",由北京师范学院出版社出版;再版时书名改为《冯至学术论著自选集》。

《论歌德》(上海译文出版社,1986年)

《审美教育书简》(冯至、范大灿译,北京大学出版社,1985年)

《维廉·麦斯特的学习时代》(冯至、姚可崑译,人民文学出版社,1988年)

冯至的部分著作与译作（1993年）。拍这张照片时，冯至已经病重，特别嘱咐"不要把《德国文学简史》拿出来。"

冯至已经二十多年不写新诗了。1983 年参加第一届新诗评选工作，他认真读了一些新诗集，看到新时期诗歌创作的整体面貌，好似把他从远方又召回诗的故乡。面对诗坛的繁荣景象，他渴望着返回"故乡"。他又开始了第四个时期的诗歌创作。他把 1985 年到 1988 年写的诗放在《立斜阳集》里，被袁可嘉称为"新古典主义的醒世格言诗，因为它们以短小精悍的体制表达了八旬老诗人的心境，特别是针砭了新时期某些不良的社会现象和风气，大都是醒世之言，警世之作"。

2003 年，第九届国际诗人笔会在金华召开，大会为著名诗人冯至、钟鼎文、余光中颁发"中国当代诗魂金奖"，是我去替父亲接受的。

冯至（右二）与邹荻帆（左一）、艾青（左二）、徐迟（右一）等在第二届诗歌评奖会上合影（1986年）

冯至遗著《文坛边缘随笔》
（冯姚平编，上海书店出版社，
1995年）

《立斜阳集》（工人出版社，
1989年）

他写散文、杂文、回忆文章，他为《李广田文集》《陈翔鹤文集》《田间选集》等写序；他写文章回忆《浅草》《沉钟》《骆驼草》，回忆鲁迅、蔡元培等师长给他的直接或间接的教导和帮助，北大、四中给他的教育；回忆杨晦、顾随、梁遇春、柯仲平、梁宗岱、徐梵澄等友人。我感觉，他似乎有迫切的使命感，要把他年轻时的那些热诚的、活跃的、为新文学奋斗的朋友们的音容笑貌给我们留下来。他还写"忆旧与逢新散记"，记述近年出国访问所感；写"文坛边缘随笔"，表达他对文坛一些现象的所思、所想。把这些文章和他新近写的诗收集在一起，出版了诗文集《立斜阳集》（工人出版社，1989 年）。他的遗著《文坛边缘随笔》（上海书店出版社，1995 年）是我为他编的。父亲已不在人世，但

《中国大百科全书·外国文学卷》编辑委员会合影（1980年，莫干山）前排左起：杨宪益、罗锡朋、冯至、季羡林、金克木、刘安武、李鸿简、梁立基等

歌德学术讨论会期间，冯至（左三）与赵瑞蕻（左一）、张威廉（左二）、钱春绮（右一）、黄俊贤（右二）、董问樵（右三）、张月超（右四）合影

其中的每个字都是他在死神的阴影下写出来的，也算是他向世界的告别词吧。

冯至作为《中国大百科全书·外国文学卷》编辑委员会主任，1980 年 8 月在莫干山开会，主持讨论了该卷条目。他自己为大百科全书撰写了《歌德》和《杜甫》词条。

为了动员和组织歌德研究的力量，开创我国歌德研究的新局面，在冯至的倡导下，外国文学研究所和北京大学于 1983 年在北京大学芍园联合举办"歌德学术讨论会"。会议期间成立了中国德语文学研究会，冯至被推选为会长。

1980 年 10 月，冯至与姚可崑访问瑞典和丹麦。作为外籍院士，冯至出席了瑞典皇家文学、历史、考古科学院的学术会议，在会上做了《歌德与杜甫》（收入《冯至学术论著自选集》）的学术演讲。

1982 年是歌德逝世 150 周年。冯至参加了在海德堡大学举行的"歌德与中国——中国与歌德"国际学术研讨会，并在会上做了题为《读歌德诗的几点体会》（收入《论歌德》）的发言，受到与会者的欢迎。他用一个"小题目"，揭示了歌德创作乃至文学创作的一般规律。

接着，他又作为通讯院士出席联邦德国美因茨科学文学研究院的学术会议，做题为《中国的新诗和外国的影响》（收入

冯至夫妇在瑞典街头与瑞典汉学家罗多碧女士合影（1980年）

冯至向瑞典汉学家马悦然夫人赠送礼品

冯至（右三）与中德友协主席舒尔特（左二）等在莱茵河畔（1982年），同行者有：高中甫（右一）、范大灿（右二）、杨武能（右四）等

冯至在联邦德国国际交流中心"文学艺术奖"的颁奖仪式上致答词（1987年6月4日，波恩）

冯至在联邦德国前驻华大使、作家维克特家里做客（1987年6月），维克特是联邦德国第二任驻华大使，他在北京五年任职期间，与冯至结下了深厚的友谊

《文坛边缘随笔》）的演讲。

1987年是冯至外事工作最繁忙的一年。1987年，联邦德国国际交流中心授予他当年的"文学艺术奖"，以表彰他为中德两国的文化交往所做的贡献。6月，他和夫人姚可崑在外国文学研究所研究员韩耀成的陪同下前去受奖。会上，联邦德国前驻华大使、作家维克特致颂词，赞扬他为两国文化交流所做的贡献和他文学创作的成就，并着重阐述了他的十四行诗的思想内涵。冯至在他的答词中，谈了他从德国文学，特别是从歌德和里尔克那里吸取的营养。答词的主要内容后来以《外来的养分》为题在《外国文学评论》上发表。这篇文章先收入《立斜阳集》，后以《在联邦德国国际交流中心"文学艺术奖"颁发仪式上的答词》为题收入《文坛边缘随笔》，编入《冯至全集》第五卷。

联邦德国国际交流中心还出版了中、德文对照的《十四行集》。6月3日，波恩大学举行了研究冯至的报告会，由汉语系教授沃尔夫冈·顾彬做题为《路的哲学——论冯至的十四行诗》的报告。一个大阶梯教室里挤满了听众，连教室两侧和中间走道的地上都坐满了人。会上，冯至应邀朗诵了自己的十四行诗。报告结束后，学生纷纷涌上讲台，请他签名。颁奖仪式以后，他们又参观访问了联邦德国其他一些城市。主人对这次访德十分重视，专门派出一个摄制组，全程拍摄

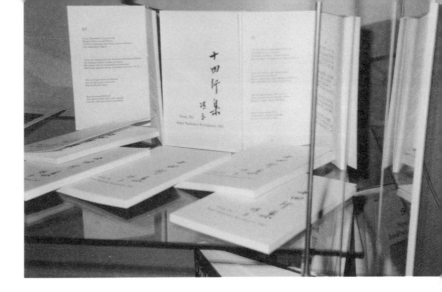

联邦德国国际交流中心出版的中德文对照本《十四行集》

冯至夫妇访问波恩大学时与汉语系教授沃尔夫冈·顾彬（左二）、顾彬夫人张瑞芝（左一）、国际交流中心处长埃普宾德（右一）、韩耀成研究员（右二）合影

他们的活动，制成一部 30 分钟的专题片——《"还乡"——1987 年国际交流中心艺术奖获得者冯至的德国之旅》。

6 月 6 日，联邦德国总统魏茨泽克在总统府接见了冯至夫妇。总统首先对冯至夫妇表示祝贺，接着围绕文学和诗歌创作等问题与冯至进行了长达半小时的交谈。总统平易近人的态度、广博的知识和对文学的深刻见地给冯至留下了深刻的印象。整个接见充满自由、诚挚和亲切的气氛。

50 多年前，冯至获得海德堡大学哲学博士学位；这次，海德堡大学举行仪式，校长吉斯贝特·楚·普特里茨教授又将

联邦德国总统魏茨泽克接见冯至（1987年，波恩）

海德堡大学校长吉斯贝特・楚・普特里茨教授（右一）将"金博士"证书授予冯至（1987年，海德贝格）

"金博士"证书授予他。 在授证仪式上，哲学系主任朗读了冯至博士论文中的部分章节。

海涅（1797—1856）也是冯至非常喜爱的一位德国诗人。他从歌唱夜莺和玫瑰，到赞颂剑与火，"要在地上建立起天堂"，走过了从"浪漫主义末代寓言之王"到革命民主主义诗人的发展道路。 对海涅的翻译和研究也伴随着冯至的一生：当他还在北大学习时就翻译了海涅的一些抒情诗；郁达夫向他推荐《哈尔次山游记》后，1928 年， 他翻译的这部名著就出版了。他对自己年轻时幼稚的译作不满意， 50 年代又重译了《哈尔次山游记》。 关于翻译， 他有自己的见解：

意义上没有错误，并不能说是对于《萨拉图斯特拉》译者最后的要求；把它特殊的文体，下一番文字上的功夫，重新表现出来，才算是我们理想的译品。

——冯至《〈萨拉图斯特拉〉的文体》（1939年）

他翻译出版了《海涅诗选》，"文革"后期又翻译并评注了海涅的长篇政治讽刺诗《德国，一个冬天的童话》。这次访问，他们来到海涅的故乡杜塞尔多夫，在参观那里的海涅研究所时，受到所长约瑟夫·克鲁塞的热情接待。

利用这次机会，冯至在慕尼黑会见了老朋友鲍尔；接待了专程从伦敦赶来与他会面的佐藤普美子。佐藤教授是日本研究中国文学的学者，她研究冯至，从1981年起与冯至通信，此时她正在英国进修。

作为奥地利科学院通讯院士，应奥地利科学院的邀请，冯至一行又到维也纳进行访问。6月16日这一天的参观计划安排得很满：他们参观了海利根斯塔特的贝多芬纪念馆、克洛斯特新堡的隐修院、基尔林卡夫卡纪念馆和巴登市。海利根斯塔特是一个郊区小镇，贝多芬在那里写下了《海利根斯塔特遗嘱》。基尔林卡夫卡纪念馆以前是疗养院，是卡夫卡人生旅程的最后一站：作家生命的最后两个月就是在这里度过的，临终

178

冯至夫妇在杜塞尔多夫海涅研究所受到所长约瑟夫·克鲁塞的热情接待（1987年）

日本研究中国文学学者佐藤普美子访冯至（1987年，慕尼黑）

时留下的信里，要求他的朋友将他的遗作全部烧毁。巴登市在维也纳森林东缘，贝多芬、莫扎特、舒伯特、约翰·斯特劳斯等作曲家当年都在此居住和创作过。一天的参观，见到贝多芬和卡夫卡两位天才的遗嘱，冯至感到心情沉重，生发出许多联想，写下了长诗《维也纳一天的日记》。他感慨："……我忽然觉得人世间／好像有两个世界。／……／这里是熙熙攘攘，／那里是寂寞孤独。／……"

冯至在基尔林卡夫卡纪念馆（1987年）

冯至夫妇等在魏玛歌德、席勒铜像前与魏玛国家古典文学研究和纪念馆馆长舒伯特教授（左二）、魏玛国家图书馆馆长亨宁（左一）、当时在魏玛的北京大学教授严宝瑜（右一）合影（1987年6月20日）

冯至夫妇在魏玛歌德故居花园屋前

冯至参观魏玛歌德纪念馆时在纪念册上留言（1987年6月19日）

冯至夫妇在维也纳斯特劳斯塑像前

接着冯至应民主德国高教部的邀请，对民主德国进行访问并领取 1985 年授予他的"格林兄弟文学奖"（当时因健康状况未能前去领奖）。他们访问了文化名城魏玛。18 世纪后期，魏玛群星璀璨，一大批文化精英汇聚在那里，尤其是歌德和席勒在这里进行了十年的亲密合作，创作了大量不朽之作，把德国古典文学推向高峰，使魏玛这座小城成为当时德国的文化中心。至今魏玛仍保存着大量珍贵的历史文物和名胜古迹。到了魏玛，不由得让人产生一种神圣的感觉。

这年 9 月，意大利蒙代罗文学奖基金会授予王蒙"特别奖"。应基金会的邀请，作家协会派冯至率领中国作家代表团赴西西里。在颁奖仪式上，冯至朗诵了他写于 40 年代的十四行诗《威尼斯》。

　　我永远不会忘记

　　西方的那座水城，

　　它是个人世的象征，

　　千百个寂寞的集体。

　　一个寂寞是一座岛，

一座座都结成朋友。

当你向我拉一拉手，

便像一座水上的桥；

当你向我笑一笑，

便像是对面岛上

冯至（左三）与王蒙（右二）、叶延滨（右一）、周涛（左二）等在意大利西西
里（1987年9月）

冯至在蒙代罗文学奖的颁奖仪式上朗诵自己的十四行诗《威尼斯》（1987年，西西里）

忽然开了一扇楼窗。

只担心夜深静悄，
楼上的窗儿关闭，
桥上也断了人迹。

1987 年年底，为表彰他为德中关系做出的贡献，联邦德国驻华大使韩培德代表总统魏茨泽克把标志联邦德国最高荣誉的勋章——德意志联邦共和国大十字勋章授予冯至。授章仪式在联邦德国驻华使馆举行。大使在颂词中赞扬冯至"昨天和今天、在困难时期和较好时期中都孜孜不倦地和坚韧不拔地为我们两国和两国人民的联系做出了贡献"。大使接着说："如果说，今天日耳曼学学者间开始了卓有成效的交流，那么这也是您的功劳。"冯至在答词中表示，他把这次勋章的授予不仅看作是对他个人的鼓励，而是对于中国的德语文学研究者共同成就的肯定。他说：

在德国文学丰饶的领域里，我常常把我比作是一个"导游者"，我把"游人们"领进这个区域，在这区域里能有更多发现、更深入了解的，往往不是"导游者"，而是真

冯至夫妇在接受德意志联邦共和国大十字勋章仪式上与联邦德国
驻华大使韩培德（左一）合影（1987年12月15日，北京）

诚的"游人"——在中国一代一代成长起来的年轻的日耳曼学者。

——冯至《在联邦德国国际交流中心"文学艺术奖"颁发仪式上的答词》(1987年)

1988年，冯至获得德国语言文学科学院授予的以宫多尔夫名字命名的外国日耳曼学奖。在授奖仪式上所致的答词中，他深情地回忆了57年前从宫多尔夫教授那里受到的教诲："……至今还牢牢记着他给大学新楼大门顶上拟写的题词'献给有生命的精神'。精神本身就是有生命的，没有生命的就不是精神，这里……强调学术要与生命相结合。"

面对这些年来国内国外给予他的种种荣誉，他是清醒的，正如他在接受大十字勋章的答词中说的，这不只是对他个人，而且是对全国外国文学工作者的工作成就的肯定。1987年，他用联邦德国国际交流中心授予他的全部奖金设立了"冯至德语文学奖"，以奖励在德语文学研究领域做出成绩的中青年日耳曼学学者；又把"格林兄弟文学奖"的奖金用于购买图书，分赠中国社会科学院外国文学研究所和北京大学。正如维克特《在授予冯至教授国际交流中心艺术奖仪式上的讲话》里所说："冯至曾经培养出整整一代学德语的中国学生，教会

冯至在宫多尔夫外国日耳
曼学奖授奖仪式上致答词
（1988年）

冯至在第一次"冯至德语文
学奖"颁奖仪式上与获奖者
合影（1990年10月）

他们理解并热爱德语文学。……他的学生谁都不忘提到自己是冯至的门徒，这是一种荣誉，其意味不亚于奖章。"

十年来，冯至研究、写作、带研究生很紧张，而且生病和住院也占去了不少时间。他知道老年人要珍惜时间，要避免外来的干扰，不是非常必要的活动，绝不参加。他也从不允许为他的寿辰举办任何纪念活动，但如果外国文学研究所和作协的同志来家里谈谈，父亲总是十分高兴。

他的学生们，从白发苍苍的同济大学时期的、已到中年的北京大学时期的到现在的年轻研究生，或是60年代初编文科教材时的年轻教师来到家里，永远是那么亲切，那么自在，他们有谈不完的共同话题。正如余匡复所说："冯先生的文章从来不摆教师架子，从不以权威自居，而是采取了与读者完全平等的态度，他只想用他的文章把他自己阅读和研究的心得体会告诉读者。"（《浅谈冯至教授的外国文学研究方法》，1992年）写文章这样，谈话也是这样。

在中国台湾，冯至有不少读者，更有一些诗人朋友。诗人洛夫1949年随国民党军队去台湾时，行囊中只有军毯一条，冯至及艾青诗集各一册和个人作品剪贴一本。（《洛夫，你好》，南翔摘自《深圳特区报》，1993年10月12日，第9版）

他在家中接待日本研究中国文学的学者秋吉久纪夫。秋

冯至80岁生日时，外国文学研究所的同志们前来祝贺（1985年9月）

学生们来给冯至过生日（1985年）

葛洛（右一）、关木琴（后立者）代表中国作家协会、中华文学基金会来祝贺冯至85岁生日（1990年9月17日）。照片背面写着"正在拍照时，电话响了，冯老很迅速地从沙发上站起，亲自去接。事后葛洛同志称赞冯至身子硬朗，冯老笑着说：'这是条件反射，我怕人家久等。'"

昔日的师生，今日的朋友，他们有说不完的共同话题。左起：关惠文、冯至、张玉书、韩耀成、安书祉等

冯至与中国台湾的诗人们（1988年）。左起：张堃、张默、碧果、洛夫、管管、冯至、辛郁

吉久纪夫从事中国新诗的翻译研究工作，曾翻译出版了《冯至诗集》等十位中国现代诗人的诗集。

冯至与斯洛伐克汉学家高利克畅谈。高利克在中西文化交流方面很有研究，就冯至的十四行诗、歌德研究写过不少文章。冯至特别注意倾听大家的谈话，从中获取信息，启发思路。高利克认为："《十四行集》这本薄薄的小册子是中国现代新诗发展史上一个重要的里程碑。不仅冯至自己的创作和他同时代的以及过去数世纪的中国文学孕育了它，而且整个世界文学，尤其是用德语写就的、从诺瓦利斯到里尔克的浪漫主义文学，也是它产生的土壤。"（高利克《中西文学关系的里程碑（1898—1979）》第九章，1990 年）

冯至在为《文化老人话老年》一书写的《老年的时间与寂寞》中说，因为来日无多，老年人要珍惜时间，就得甘于寂寞；寂寞也是一种美，要有勇气来担当。谁若能担当寂寞，谁就能享受到寂寞的好处：寂寞使老年人有时间反思，多少增添点自知之明；寂寞教导老年人懂得断念，不去追求得不到的东西，自己办不到的，留给别人去办；寂寞能给老年人回忆的快乐，有足够的时间去追寻与世长辞的朋友们的言谈动作，神游走过的山川城市，重温往日欣赏的诗文。经过反思、断念、回忆，老年人才能头脑清醒，实事求是，去做些不只是愿望，

冯至与秋吉久纪夫，摄于北京寓所（1986年）

冯至在家中接待斯洛伐克汉学家高利克（1987年7月）

而且也许是能够做到的工作。时间提供寂寞，寂寞保证时间，冯至享受到了寂寞的好处。

寂寞还有一个好处，是冯至得以更多地和家人相处。外孙女结婚，他高兴，提议让两个年轻人喝交杯酒，自己和老伴儿给他们做示范；他可以到少年宫去和可爱的孩子们欢聚；他有时间和老伴儿逛香山。

1990 年，涿州市组织在北京的涿州籍人士回老家参观访问，冯至携夫人和两个女儿欣然前往。家乡的变化使他受到鼓舞，家乡人的热情使他感到温暖。

外孙女结婚，冯至老两口示范喝交杯酒（1988年）

冯至在北京东城区少年宫与
小朋友们在一起

冯至夫妇在香山（1988年）

冯至夫妇与电影艺术家苏凡（左三）及夫人表演艺术家田华（左七）归乡留影（1990年）

1991年10月，外孙女从国外回来探亲，接外公外婆去颐和园游玩，看他那快乐的样子、健康的身体，谁也没想到这是他的最后一次出游。

12月，冯至还和大家一起高高兴兴地给老伴儿过生日，可惜这也是最后的一次了。

冯至家人与亲友为姚可崑祝寿。前排右起：外孙徐冯永、冯至、小女儿冯姚明、江华、姚可崑、外孙龚冯兵、亲家母虞文照、龚瑾娴；后排右起：小女婿徐金堃、大女婿龚炳铮、吴爱琳、大女儿冯姚平

冯至与外孙女龚冯燕游颐和园（1991年）

1992 年 9 月 17 日冯至在他 87 岁生日的这一天，为纪念郭沫若一百周年诞辰写了《重读〈女神〉》这首诗，这是他写的最后一首诗。而 70 年前，1921 年，《女神》首次出版，在其影响下，16 岁的冯至写出了后来收入他第一本诗集的第一首诗。不知这是巧合，还是冥冥中存在着一种文艺因缘。

《重读〈女神〉》手迹第三页（1992年9月17日）

1992 年的 9 月，冯至一直在紧张地工作着。27 日是星期天，来了一天的客人，很晚了他还在看稿子。他说，这是《中国新诗库》的稿子，明天周良沛要来取。第二天稿子是取走了，但我回家发现，父亲尿血了，马桶里、地面上都是血浆和血块。这已经是他第二次尿血，前两年就犯过一次，没这么厉害。在医院住了几天，血刚止住，他就要我把他桌上的一摞书拿到医院来。我看了看，有中国的、外国的、近代的、古代的，都是关于散文的书，不知他又要写什么。住了 44 天医院，没有查出病因，倒是写出《少女面模》《病友赠书》和《肃然起敬》三篇短文，但我心里明白，这仅仅是"副产品"。

父亲埋怨我们姐妹叫他住院，使他"愈住腿愈软了"，非要出院不可。出院以后，他的病情迅速恶化，吃不下饭，睡不着觉，浑身无力，日渐消瘦。12 月 19 日，他完成了他此生最后一篇文章《赣水滇池忆孝开》，这是纪念他的老朋友、曾任清华大学副校长的陈士骅教授的。他疲弱地笑笑说："我怕我过不去冬至。"所以他赶在冬至前要把答应人家的稿子写出来，还回了一些该回的信和贺年片。"我没敢叫你们知道，你们该限制我了。"他说。

事实上他还有一篇酝酿已久，准备已久，并且已经开了头的大文章——为江苏文艺出版社出版、由他担任主编的《世界散文精华》写"总序"。他病重时，曾叫我替他推掉一些稿约，但没有提到这篇"总序"。他是想自己完成的。这才是父亲的最后一篇文章，一篇未能完成的遗稿。

1993 年 1 月 26 日，父亲再次住进医院，此时癌细胞已在他的体内狂奔，欢呼胜利。饱受折磨的父亲忍受着，直到病危，社科院汝信副院长来看望他时，他说："汝信同志啊，我还有许多工作要做，可惜做不成了。""以前想描写'死'，写不出来，这次真正体会到了死的滋味，可惜我不能写了。"他实践了年轻时期朋友们共同的誓言——

　　　　而且我要你们一齐都证实……
　　　　我要工作啊，一直到我死之一日。

　　　　　　　　——《沉钟》周刊第一期刊头上的题词

1993 年 2 月 22 日，冯至因患癌症，病逝于北京协和医院。高莽在冯至去世前几个小时赶到医院，为他心目中的"一代大学者"画了最后的画像。他对记者说："冯老弥留之际，神态还是非常安详。"

冯至留下遗嘱：

我的遗嘱

1、我并不是预感我将要辞世。但是像我这样的年龄，不得不写到以下几件事。可惠和两个女儿是须要了解的。且不要说我是胡思乱想，这是我经过长期深思熟虑写下来的。

2、不举行任何仪式，若有必要通知亲友，名字等不冠以任何头衔与称谓。请以外文系名义通知与我有关的外国学术机构（如瑞典、德国等地的科学院），可加"教授"或"研究员"称号，骨灰埋入地下，或抛入水中皆无不可。如得不治之病，长期卧病床，不得主动延长，为了不给亲人朋友增加负担，我愿早些去死。

3、关于书籍，除宋中需要使用者以外，外文部分赠给外文研究室，中文部分~~由宋中~~ 本人著作以及有关的资料，除宋中留作纪念者以外，赠给中国现代文学馆，善本则赠给北大图书馆。朋友的著作尽好的赠给宋中。

*书已于1990年9月17日，已将一部分赠给文学馆。

4、我从国外得的奖金（除一部分已折合人民币作为编译文学研究奖金另一部分用以购置书籍捐赠给外文所外）所剩余者由可惠经手分赠给我的两个女儿姚平、姚明，以辅助她们有出息的子女求学的用费，不作别用。在我名下储存的少量人民币，完全由可惠处理。

5、希望与我有关系的后代，老实做人，认真工作，不欺世盗名，不伤天害理，努力作中华民族的好儿女。

一九八九年七月七日 冯至
一九九〇年十二月重抄

冯至遗嘱

姚可崑著《我与冯至》（广西教育出版社，1994年）

冯至十四行诗《深夜又是深山》手迹

1994年，母亲姚可崑的《我与冯至》出版，她从1928年他们相识开始，一直写到1965年。回想当年母亲在写这本书时，老两口坐在里屋，一边翻看着父亲的小日记本，一边温馨地回忆往事，那情景好像还在眼前。我的耳边似乎还响着父亲的声音："我希望通过你的笔把我对这些（对于我的成长有帮助的）人的感谢之情表达出来。"（大意）

2003年6月，我们的母亲也追随父亲去了。现在，父亲和母亲安详地长眠在北京西山那掩映着青青松柏的墓地里，面对昆明湖，远眺北京城。墓碑上刻着父亲的诗句："给我狭窄的心，一个大的宇宙！"这是父亲十四行诗《深夜又是深山》的最后两句，它概括了父亲的一生，也是我们对自己的勉励。

终生的伴侣（摄于1990年）

位于北京金山陵园的冯至、姚可崑教授之墓

父亲在遗嘱里要求我们："希望与我有关系的后代，老实作人，认真工作，不欺世盗名，不伤天害理，努力作中华民族的好儿女。"

冯至后代聆听冯至遗嘱

附录一

冯至主要著译作品

创作

1. 《昨日之歌》
   （1927年，北新书局）
2. 《北游及其他》
   （1929年，沉钟社）
3. 《十四行集》
   （1942年，明日社；1949年，文化生活出版社）
4. 《山水》
   （1943年，国民图书出版社；1947年，文化生活出版社）
5. 《伍子胥》
   （1946年，文化生活出版社）
6. 《东欧杂记》
   （1950年，新华书店；1951年，人民文学出版社）
7. 《张明山与反围盘》
   （1954年，工人出版社）
8. 《冯至诗文选集》
   （1955年，人民文学出版社）
9. 《西郊集》
   （1958年，作家出版社）
10. 《十年诗抄》
    （1959年，人民文学出版社）
11. 《冯至诗选》
    （1980年，四川人民出版社）
12. 《冯至选集》
    （1985年，四川文艺出版社）
13. 《立斜阳集》
    （1989年，工人出版社）
14. 《文坛边缘随笔》
    （1995年，上海书店出版社）

论著

1. 《自然与精神的类比——诺瓦利斯的文体原则》

   （1935年，德国海德堡奥古斯特·利普尔印刷厂用德文印刷出版；1993年，李永平、黄明嘉译为中文收入《冯至全集》）

2. 《歌德论述》

   （1948年，正中书局）

3. 《杜甫传》

   （1952年，人民文学出版社）

4. 《德国文学简史》

   （与田德望等编著，1958年，人民文学出版社）

5. 《诗与遗产》

   （1963年，作家出版社）

6. 《论歌德》

   （1986年，上海文艺出版社）

7. 《冯至学术论著自选集》

   （1988年，北京师范学院出版社以《冯至学术精华录》的书名出版，1992年再版时改用现名）

8. 《冯至全集》12卷

   （1999年，河北教育出版社）

翻译

1. [德] 里尔克《给一个青年诗人的十封信》
   （1938年，商务印书馆；1994年，生活·读书·新知三联书店）
2. [德] 魏斯柯普夫《远方的歌声》
   （与朱葆光合译，1953年，人民文学出版社）
3. [德] 海涅《哈尔次山游记》
   （1954年，作家出版社）
4. [德] 海涅《海涅诗选》
   （1956年，人民文学出版社）
5. [德] 布莱希特《布莱希特选集》
   （与杜文堂合译，1959年，人民文学出版社）
6. [德] 海涅《德国，一个冬天的童话》
   （1978年，人民文学出版社）
7. [德] 席勒《审美教育书简》
   （与范大灿合译，1985年，北京大学出版社）
8. [德] 歌德《维廉·麦斯特的学习时代》
   （与姚可崑合译，1988年，人民文学出版社）

编选

《杜甫诗选》
（冯至编选，浦江清、吴天五合注，1956年，人民文学出版社）

附录二

冯至获国外荣誉

1980年3月，被瑞典皇家文学、历史、考古科学院聘为外籍院士。

1981年，被联邦德国美因茨科学文学研究院聘为通讯院士。

1983年3月，获联邦德国歌德学院"歌德奖章"。

1985年11月，获民主德国高教部授予的"格林兄弟文学奖"。

1986年，被聘为奥地利科学院通讯院士。

1987年6月，获联邦德国国际交流中心"文学艺术奖"。

1987年12月，获联邦德国最高荣誉的大十字勋章。

1988年5月，获联邦德国达姆施塔特德意志语言文学研究院"弗里德里希·宫多尔夫外国日耳曼学奖"。

后记

20 世纪末，在以绿原先生为首的全体编委和出版社同仁的共同努力下，经过三年多认真细致的工作，12 卷本的《冯至全集》由河北教育出版社出版。经王亚民社长建议，又收集一些研究冯至的文章配套出版了《冯至与他的世界》。当出版工作接近尾声时，出版社看到我提供的一些照片比较有意义，又提出最好再配套出版一本画集。这当然是好事。紧急情况下，主编绿原、编委韩耀成，又请了父亲晚年的好友诗人邵燕祥三位先生分工合作，为照片做了详尽、生动的解说。但终因时间紧迫，未赶上《冯至全集》的出版。他们三位都有自己重要的工作，百忙之中挤出时间来为父亲做画集，最后变成无用功。我好像欠了债似的，心里很内疚。

后来，在不断整理父亲遗物的过程中，又找到更多的珍贵照片和一些有价值的资料，我把它们都输入在电脑里。不止一次，朋友们见到我电脑里的这些东西，都感叹道应该想办法出版。我在找机会。这件事始终藏在我的心里。

这几年来，遵照父亲的遗愿，我们已把父亲的外文书籍和中文书籍分别捐赠给了中国社会科学院和中国现代文学馆。去年，我又把整理好的三十多包父亲的手稿、研究笔记等资料交给了中国现代文学馆。文学馆准备在今年举办一个纪念父亲的活动，我就把原来准备的资料发过去供文学馆参考。计蕾女士看了，觉得挺好，建议我在此基础上编一本《冯至画传》。这个建议对我，可以说是正中下怀。但时间紧迫。我先找了几位作家的画传来读，受到启发，对原稿做了进一步的修改和补充，但来不及做更大的改动了。比如，我看到的这几本画传有以传主本人的自传为纲的，有以传主作品中的文字为主干的，读起来通畅。而我这个稿子，经过了前面介绍的过程，在称呼上则是"冯至"与"父亲"并存，可能会给读者带来不便。总之，如果在这本书中能读到一些优美的、诗意的文字，或者是科学的论断，那就是绿原先生他们三位的文笔；若是遇到些絮絮叨叨、不忍卒读的地方，必然是我的狗尾续貂，请大家原谅！

感谢绿原、邵燕祥、韩耀成三位先生在本书的编写工作中给予的许多帮助，感谢图片摄影者、绘画和补白文字的原作者！感谢中国现代文学馆！

冯姚平

2015 年于父亲 110 周年诞辰之际

图书在版编目（CIP）数据

给我狭窄的心一个大的宇宙：冯至画传 / 冯姚平著 . — 长沙：湖南人民出版社，2023.1
ISBN 978-7-5561-3090-0

Ⅰ . ①给… Ⅱ . ①冯… Ⅲ . ①冯至（1905—1993）－传记－画册 Ⅳ .
① K825.6 － 64

中国版本图书馆 CIP 数据核字（2022）第 198780 号

给我狭窄的心一个大的宇宙： 冯至画传

GEI WO XIAZHAI DE XIN YIGE DADE YUZHOU： FENG ZHI HUAZHUAN

领读文化传媒
LINGDU Culture & Media

著　　者：冯姚平
选题策划：领读文化
产品经理：领读–孙旭宏
责任编辑：陈 实 刘 婷
责任校对：陈卫平
装帧设计：尚燕平

出版发行：湖南人民出版社有限责任公司 ［ http://www.hnppp.com ］
地　　址：长沙市营盘东路3号　邮编：410005　电话：0731-82683313

印　　刷：长沙超峰印刷有限公司
版　　次：2023年1月第1版　　　　　印　　次：2023年1月第1次印刷
开　　本：880 mm × 1230 mm　　1/32　　印　　张：7.25
字　　数：125千字
书　　号：ISBN 978-7-5561-3090-0
定　　价：59.80元

营销电话：0731-82683348（如发现印装质量问题请与出版社调换）